帶著菜刀去流浪

Journey with My Kitchen Knife

帶著菜刀去流浪

Journey with My Kitchen Knife

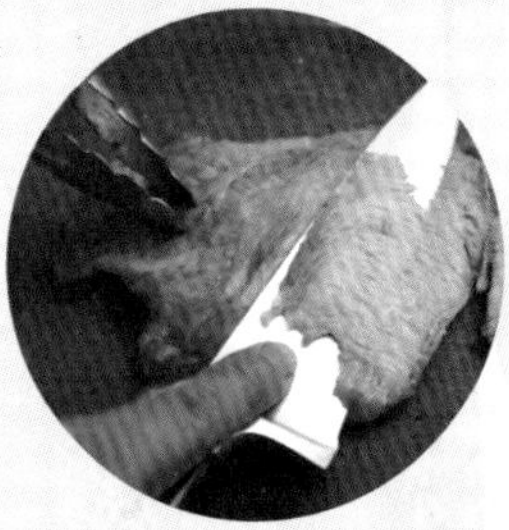
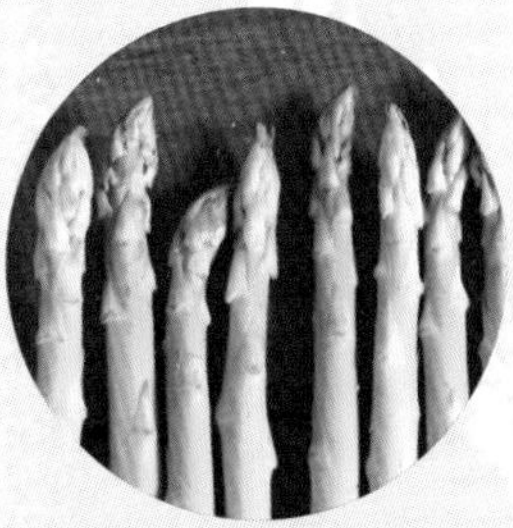

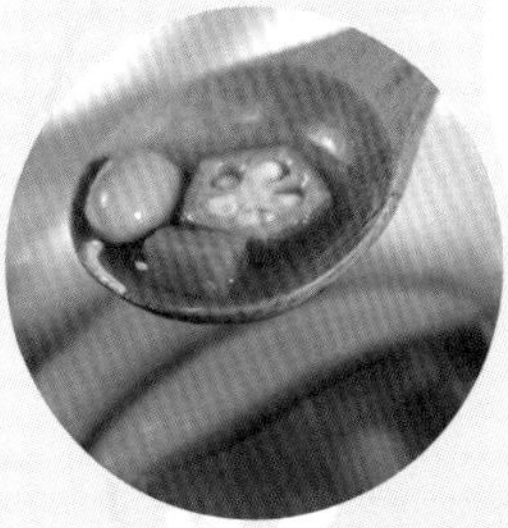

帶著菜刀去流浪
Journey with My Kitchen Knife
江冠明

帶著菜刀去流浪

Journey with My Kitchen Knife

第二篇

歸零的原味 91

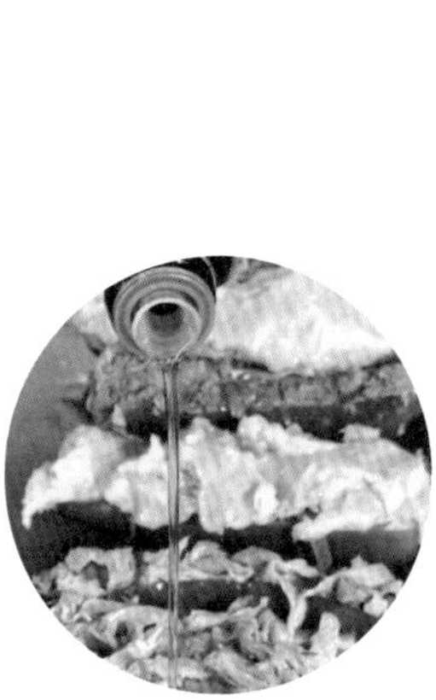
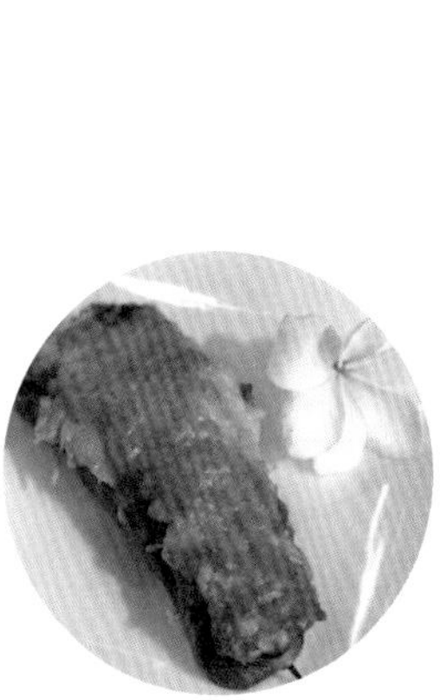
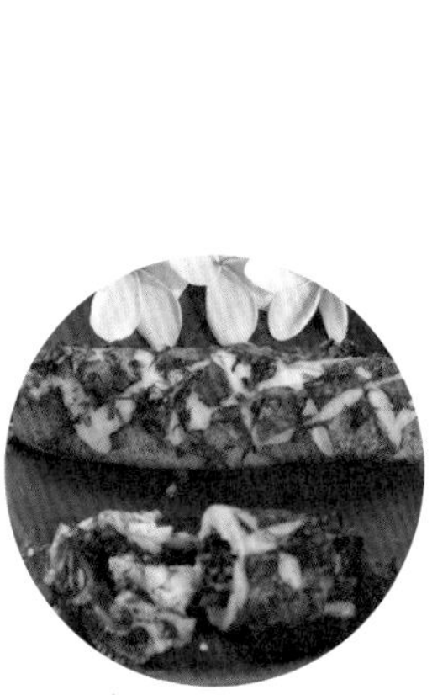

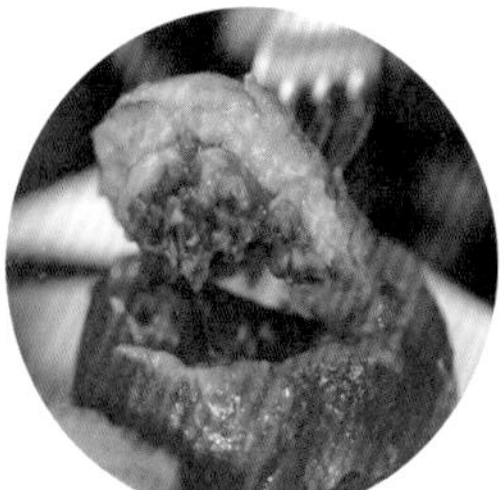

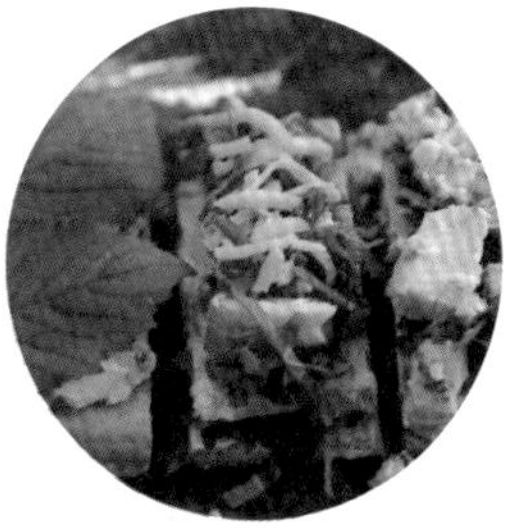

推薦序

江冠明，做爲一道菜

監察院 副院長 孫大川（Paelabang Danapan） 2020/03/20

江冠明提到他四十歲，出走流浪到臺東，五十歲改行當廚師後，躁鬱症就不見了。當廚師可不可以治癒躁鬱症？我不是專家，不敢妄斷。不過，我卻敢說，對江冠明而言，流浪一定無法治癒躁鬱症，而當廚師或許可以幫助一半，寫作才是他生命眞正的出口。流浪、廚師、寫作三位一體，才治癒了江冠明；更正確一點說，三帖藥方齊下，才成就了今天的江冠明！

有人說，實在無法想像江冠明流浪東海岸之後的生命轉折，甚至他自己可能也這樣覺得。但是，做爲三十多年的老朋友，坦白說他並沒有多大的改變。江冠明本來就是單幹戶、自走砲，孤獨流浪原本就是他生命的基本情調；在臺北橫衝直撞的早年是如此，「歸隱」臺東二十多年也是如此。他的流浪、孤獨，不是浪漫、自我放逐的那一類，而是看不慣凡俗、又不甘低聲下氣的那一種。他以前扛著大大的攝影機到處流竄，其實主要目標是想去捕捉抗議、批判這個世界的縫隙，攝影機不過是他不願仰人鼻息的「生活」工具而已。空間的移動、營生方式的轉換、角色的改變，對江冠明來說，只是表面的變化，持續抗議、批判，才是江冠明生命眞正的動力。在我看來，以前的江冠明將攝影當寫作，今天的江冠明則不過是改將炒菜當寫作而已，寫作才是他的救贖。他分分秒秒都想說話，有滿肚子的意見要表達，他需要書寫（輸血）。紀實攝影時代，他在《山海》和其他報章雜誌上寫；初到臺東，他到東華讀碩士，並調查花東地區原住民各族流行音樂的發展與變遷。後來當了廚師，他說的話、寫的文字，遠遠超過他做的菜，這就是江冠明！如果不停說話、不斷創作算是躁鬱症的特徵之一，那麼我不得不說，老友的病情從來沒有改善過。這麼多年來，我只去過他的廚房兩、三次；即便如此，每次能細細品味廚藝的時間短，聽他說話的時間多，耳朵和腦袋接收運轉太快，神經細胞來不及趕到舌尖去品嚐菜味。最後只能胡亂稱讚說：「好吃，好吃。」

不過，如果你因此認爲江冠明都在鬼扯、瞞混，那就大錯特錯了。他投入工作就和他的寫作一樣，奮不顧身，充滿熱情與眞誠。看他早年追蹤原住民議題，寫花岡一郎、寫後山原住民流行音樂的傳奇，都有自己獨特的觀點，引領新的視野，帶來一些可能不太好消化的反省。攝影機時代的江冠明所做的工作與成績，絕對不是繡花枕頭。同樣，二十多年來，如果眞的看過他一間又一間用雙手整理出來的農舍，從規劃設計、整地、籌款、購料、開工，一直到廚房動線、餐具擺設、菜單開列的過程，以及烹調技術的錘鍊、精進等等，你不得不佩服江冠明，他的確是一位不折不扣的單幹戶，他的尊嚴，不依靠別人吹捧，靠自己說，而且做的至少和說的一樣多，言行相稱，大丈夫是也。

這次書名叫《帶著菜刀去流浪》，廚藝當然是主題，但是它和一般飲食書籍最大的不同，就在江冠明東拉西扯的那些部分，談自己生命的浮沉、寫現代人的荒涼空虛……。他的菜其實和按部就班訓練下來的中西名廚不一樣，其味道迷人之處就在他的即興、想像和自以爲是。在PASA吃飯，如果沒有「江冠明」這一道菜，你雖吃得很安靜，味蕾幸福，但在江冠明眼裡，你只能算是饕客，遺落了不在菜單上的另一個禮物。

推薦序

幻滅中的壯美
江冠明的山居啓示錄

羅丹 「羅丹有約」專欄作家 知名國際美食評審 藝評家

2019.3月

記得英國牛氣沖天的廣告人彼得．梅爾在一九八七年移居法國南部鄉下後寫了一本書叫《普羅旺斯的一年》，隨意之舉，沒想到竟然在全球掀起軒然大波，書中描述的慢生活方式驟然亮起了一種新潮生活的夢想，於是全世界的人趨之若鶩，最終鬧得當地的地產價格飛漲，返璞歸眞的訴求演變成血腥的奢侈消費！

而在相隔六千多英里之遙的臺灣寶島的東岸卻演繹著一場更爲驚心動魄的故事，這個故事的主角叫江冠明。與冠明兄初識是在二〇一四年一月四日的都蘭，第二天，朱平先生（雅詩蘭黛旗下明星綠色品牌 AVEDA 亞太總代理）在其太平洋海岸莊園聚會，原定邀約二十～三十個客人。我跟臺灣畫家于彭臨陣受命，爲來賓提供烹飪服務。冠明兄是當地聞名遐邇的 PASA 民宿的主人，又是提倡漫滋慢味料理的廚藝師，免不了需要他的護駕和指引。於是乎約定一大早先去魚市拍賣場買魚，再去菜市場選購其它食材。不料席前來賓的人數遠遠超過預期，再加上當地原住民的加入，最後變成五十多人的大狂歡。我和于彭有點措手不及，原本在一旁助陣的冠明兄不由分說地擼起袖子，馬上加入了主戰陣營。從準備食材到烹飪完畢，超過十二小時的連續作戰，當來賓在美食、美酒、篝火、歌聲、舞蹈的酣暢淋漓間欲罷不能時，我們幾個廚子都癱倒在一旁，像剛打完生死肉搏戰的士兵。這就是我第一回認識的江冠明，在千鈞一髮之際拔刀相助。

江冠明的新書《意外的旅程》二〇一八年出版，扉頁上這樣介紹他：「讀中學時喜歡翻牆蹺課，大學時讀建築系轉哲學系旁聽影劇系，玩實驗電影得金穗獎，進廣告公司企劃製作 CF，後來改行當紀錄片編導。」在序言中，江冠明自述：「二十年的媒體工作，已掏空理想和熱情，渴望出走、流浪，但非如孟東籬落腳鹽寮海岸，帶著激情愛欲去漂泊，也非如三毛出走撒哈拉大沙漠，帶著青春浪漫去流浪。我的出走、流浪，帶著幻滅、虛無、自我放逐式的中年失落與彷徨。」正如冠明所說的，當時他的想法很單純，就是想落腳荒山野嶺，隱姓埋名，沒有人來問東問西，隔絕與外界的聯繫，忘卻過去，自我歸零。然而這種文青式的浪漫意識帶給他的是始料未及的極限生存挑戰，以及無限豐腴的生命經驗。

一座形單影隻的農舍屹立在山谷中，這裡曾經遭遇過泥石流的侵襲，四周荒煙蔓草，鐵捲門腐朽不堪，窗戶支離破碎，周遭無左鄰右舍，水井枯竭，排水管年久失修，一條迂迴曲折的小徑通往兩公里外山下的海岸公路，這就是江冠明一九九七年落腳臺東時的情景。當時他四十歲，突然決定離開臺北，沒有退休金，沒有存款，在臺東都蘭中途下車，用拮据的墾荒方式，展開了一場修繕農舍的大戰。他說：「當時窮得一無所有，用最少最經濟的貧困方式修繕，加上能省則省的壯年體力自己動手，邁向出走人生的第一堂課～修繕農舍。從此因緣際會，展開二十年漫長的山居歲月，從一棟農舍到另一棟的流浪生命路程，漸漸領悟到波希米亞的人生哲學，我愛上天涯海角的漂泊生活，擁抱隨波逐流的生命滋味。」

經過愚公移山式艱苦卓絕的日復一日，他終於將第一所瀕臨崩塌的農舍修繕整理一新。搬進去的頭一個夜晚他感受到一種前所未有的孤單，周遭萬籟俱寂，在黑暗又陌生的深林裡，幾乎見不到人煙，只有偶爾傳來的梟叫和蟲鳴，以及遠處的海濤聲。隔日清晨，曦光從窗戶射進來照在他身上，意識瞬間清澈甦醒，彷彿沉睡千年後從世紀末的荒野醒來，從那天起，每天他從太陽升起時自動醒來……

江冠明的農舍是一個名副其實的貓狗共和國。如果把這裡的故事片段拍成電影，絲毫不會遜色於好萊塢的名片《忠犬八公》。就在第一個農舍修繕完成後，《山海雜誌》的編輯朋友拜託江冠明領養四隻幼狗，不久當地的獸醫又乞請他收養一隻被棄養的高齡大麥町犬。每天冠明都會帶著犬兒們出去跑步，跑步的路線通常沿著山坡小徑在丘嶺間迂迴前進，有時經過釋迦園、檳榔園、菜園、雜樹林、河溝、荒地、墳墓、竹林和散落的農戶。大麥町雖然得疥癬和皮膚病，但卻是一隻優雅的紳士犬。每當小狗們遭到鄰舍惡犬咆哮時，大麥町不會跟鄰犬咆哮回應，而是側身擋住咆哮的犬，讓小狗們從牠身邊安全通過。冠明常要給大麥町注射非常疼痛的針劑治療皮膚病，但牠總是願意乖乖配合，毫不掙扎扭動，彷彿知道治病必須忍受疼痛，打完針，牠會用感恩的眼神望著主人。一九九九年整個冬天，江冠明跟大麥町，住在山上，一人一狗，一同散步，一起尋水，一起坐崖觀雲，一起望海發呆。有一天牠突然失蹤了，幾個月後，冠明的朋友士虱在附近溪谷邊的樹林裡發現了牠的遺體。他說：「牠的姿態好像靠著樹幹靜靜地睡著，沒有骨折也沒有掙扎的痕跡，應該是知道生命到了盡頭，所以自己跑到樹林裡獨自逝去。」

後來隨著冠明從一座農舍搬到另一座農舍，貓狗共和國先後來過許多成員，他們叫白襪子、橘子、柚子、番茄、咖哩、Migu、喵謎、百香果、班班、奇奇、和懶懶。記得二〇一四年我們下榻 PASA 的時候，流浪貓班班（正巧跟我家貓咪斑斑同音）和我們玩得很歡，她喜歡聽英文老歌，一副很陶醉的樣子，更絕的是她會閉上眼睛聽爵士樂，邊聽邊隨節拍搖動尾巴。懶懶是我們這次半月前重訪 PASA 時見到的美短貓新朋友，舉止間處處流露出雍容華貴，一看便猜到是隻居家貓。聽冠明講，牠跟客人來用餐，爬上隔壁房頂上不肯走了。懶懶是寵物貓，習慣公寓生活，彈跳力不如其他自然環境成長的貓。有一次牠想跟著其他貓咪跳來跳去，擺好姿勢奮力一跳，結果肚子撞到桌邊掉在地上。轉頭發現冠明兄在注意牠，馬上裝出若無其事的樣子，慢條斯理地走開，這件事讓冠明兄瞭解到貓咪也有羞恥心。

二十多年前冠明兄最初來臺東落戶，移民山林是爲了尋求自我放逐和歸零。然而，人生的抉擇常常是意外，二〇〇四年仲夏因房東趕人，冠明兄不得不搬離第一個農舍，隨即接手詩人 Scott 的第二個農舍。「慢慢拆遷一號農舍，緩緩修繕二號農舍，有些不捨舊情農舍，有些歡欣新遷農舍，原來移情別戀的滋味如此。」這是冠明兄當時內心的眞實寫照。幾年後又告別二號農舍，又遇見三、四號農舍，直到發展成今天的PASA海岸民宿和漫滋慢味廚房。歲月悠悠，時光荏苒，二十多年的隨遇而安、遷徙、漂泊，其中的甜酸苦辣，愛恨情仇只有他自己明白，只是在一個意外接著一個意外之間，不停地回收舊料，修繕房屋，搭建二手人生。但是往往世界上的事總讓人難以預測：江冠明絕地重生式的墾荒生涯，隨興寫作，以及自創慢食文化最終招來了臺灣各大媒體的關注，於是乎江冠明的故事瞬間變成了一部波瀾壯闊的史詩公布於衆。追慕者從世界各地紛至沓來，PASA海岸民宿和漫滋慢味廚房成了今天的廣爲傳頌的「網紅」。儘管這一切的發生，江冠明卻仍保持著他慢吞吞的生活節奏，不受任何固定模式的捆綁。他的民宿與廚房採取預約制，下榻與用膳一切客隨主便。江冠明這樣描述他的美食料理：慢慢做菜，慢慢用膳，吃完一道再做一道，從自然食材中體會曼妙無窮的眞味。

我一生吃過最難忘的羊排是這次重返 PASA 時發生的事。一日清晨，起床從海景客房下來，走到著名的 PASA 半露天式全景廚房用早餐，WOW！冠明兄端上來的是一大鍋羊排。這是我人生第一次早餐大戰羊排，而且是用大型鑄鐵塔及鍋燉的。他認眞地說明：清早蘇醒後的味蕾最敏感，最能品味美食細膩的變化。因此，江大廚子四點鐘醒來，走到廚房開始備料，處理食材，羊排煎鍋，食材鋪底，堆疊洋蔥番茄豆仁，用自創羅勒青醬鋪陳沉睡，細火慢燉數小時……

江冠明在其《意外的旅程》中有這樣一段話，帶給我們無限的生命啓示：回顧多年農舍流浪生活，處境越顚沛流離，人生越峰迴路轉，頓悟漂泊自在之道。每棟農舍發生不同的故事，彷佛奧德賽的海洋漂流成爲荷馬史詩，我的山林流浪成爲都蘭的傳說。若沒有意外轉折，那些空屋農舍靜靜佇立山林風雨中，慢慢瓦解崩塌消失，偶然相遇，我與農舍產生難忘的人屋情緣。也許，山窮水盡的困惑不安，率性荒野的尋覓自我，時而苦澀自閉，時而放空歸零，時而浪漫揮灑，因此，我的都蘭農舍生活出現狂風暴雨後的田園交響曲。也許我的人生很離譜，上錯車又下錯站又走錯路，卻發生了難忘的山居歲月故事。都蘭的遭遇是一場生命的洗禮，讓我面臨體力、耐力、智力的極限。讓我學會趴下身子禮拜泥土回歸大地，一點一點削脫貪癡狂的俗世欲望，五體投地去貼近自然，眞正領悟「天行健，君子自強不息」的眞諦。

羅丹　美國籍華人

現任博鰲亞洲文化傳媒學院院長
攜程美食林理事會評委
敦煌弘揚文化基金會顧問
美食家、收藏家、文化活動家、民間外交大使

旅居歐美二十餘年，足跡遍及一〇七個國家。從事金融投資管理、多媒體、藝術出版、慈善教育、民間外交等行爲。擔任過法國米其林大廚，有獨立飛行經驗，長達三十多年繪畫與創作。

二〇〇七年回上海常住，主要從事國際文化、藝術交流與推廣、民間外交、美育、藝術收藏。

二〇一五年擔任亞洲博鰲論壇文化藝術專題召集人。

推薦序

我的不標準廚師好友——江冠明

邱英洋（大同技術學院餐飲系助理教授、洋食堂善化餐廳負責人、大臺南西餐工會創會理事長）2021.3月

二〇一三年夏天，我與江冠明相識在眞理大學麻豆校區的商店街區，那裡有著其他大學相同規劃的校外宿舍區，整齊、建築一致性的屋內格局，套房式房間……

當年學校招生狀況，雪崩式下降，學生人數快速減少，所有的經濟活動減緩中，突然商店街開了一間「麻豆 PASA 廚房」餐廳，料理方式特別，收費也特別（不便宜的說……），外觀風貌確實與當地的一般平價學生餐廳有著很大的不同，心想到底什麼人會在這裡開出這樣的餐廳呢？

一對夫妻來到我們的工會訓練中心，學習西餐證照，夫妻有著開設民宿與餐廳的想法，若干時間後眞的實現夢想 開了民宿與餐廳，幕後推手就是PASA廚房的江冠明，有些緣分是很難說明的，廚師間的相遇也是一言難盡。

二六〇分鐘慢火的考驗，陶爐中的精彩，只有操作者——江冠明自身最了解，如同食客的我，明白皮脆肉嫩的爐烤豬腳美味。

臺東的美不用多說，都蘭PASA豬腳的滋味，要親自品嚐過才明白，江冠明一位奇特的料理人，與我同樣來自不純正的廚師血統，沒有學徒階段，有的只是對料理的狂熱。

一場啤酒餐會，是我和江冠明的精采雙人舞，爲了它不斷地試各種比利時啤酒，那時對於不同水果口味的啤酒，有著說不出地驚喜，心裡想著哪些料理適合它，終於我們完成八道料理搭配八種不同口味的比利時啤酒菜單，餐會過程順利，遇見吳寶春師傅的靦腆和蘇煥智縣長的豁達，能和江冠明一同工作的經驗是美好的，或許彼此都有一種英雄惜英雄的感覺吧！

一個人獨自生活在東臺灣的後山，面對太平洋的壯闊，料理環境如此自然，不做作、單純、原味、慢工、慢活、慢食，給他的菜品做了最佳詮釋，雖然有時覺得他眞是胡來，成本計算烹調時間調味方式，與其他廚師完全不同，但都有著其道理，想要了解，除了他的書《漫滋慢味PASA廚房》，《帶著菜刀去流浪》，更應該到臺東都蘭PASA廚房，享用他的料理，體驗他的民宿，讓自己身、心、靈得到一種洗滌，重新再出發。

作者序

出走，是這本書的起點

也許高中閱讀新潮文庫和文學書，渴望求知藝術和思想，不知帶來啓蒙，還是陷入困惑中，覺得人生不是眼前這個世界，我的夢還在很遙遠的地方，必須走很長很長的路，才能到達。那種困惑，一直在心靈盤繞著，中年過後更加迷惘，依然對未來感到茫然，不知不覺迷戀上出走的感覺。

那幾年，喜歡四處遊蕩的採訪工作，出走到遙遠陌生的地方，遇見有趣的事情，那種隨遇而安的漂泊感，讓我感受新奇的活力。那年選擇農舍落腳，似乎也是出走的好奇衝動，把自己丟進一個陌生的山林世界裡，後來搬來搬去換過一棟又一棟農舍，那種不斷遷徙出走的感覺，心靈感受隨遇而安的自由趣味。

也許，蓋一棟涼亭，沒有圍牆、門、窗，當作是出走浪漫的家，那種空無的自由是心靈渴望的夢。那幾年，涼亭成爲我的家，成爲沉思的空間，成爲喝咖啡冥想，成爲烹調的廚房，成爲書寫的房間，也許那些浪漫的夢擱淺在涼亭裡，隨風隨雨飄盪。

何時開始寫作？何時開始下廚？何時寫食譜？

許多記憶是碎片、漂浮、凌亂的，沒有目的、沒有計畫，自然無法拼圖，連當初追尋的夢，也遺忘在世界邊緣。出走，是隨興、失落、不在意，多年後，剩下流浪的記憶，當你發覺站在荒野中，沒有懷念、沒有嚮往、沒有過去、也沒未來，只剩下你站立的地方，那個點。

出走，是這本書的起點。

江冠明　2019/1/29

第一篇
知味的起點

PASA
空間
慢生活

一個人獨處的滋味

五十歲那年，我改行當廚師，怎麼變成廚師呢？如果說，因爲流浪變成廚師，理由也許浪漫、胡扯、天方夜譚。

這個故事很荒唐、牽強，連我怎麼變成廚師，也是迷迷糊糊。

故事起點，必須從四十歲那年開始，當時厭倦臺北生活，新聞工作讓我煩不勝煩，對人生感到惶恐不安，天天心情低落，不得不去找精神科醫生。明知道那不需要，但是想請假去看醫生，聽聽他怎麼診斷怎麼說。

一九九七年臺東剛好有件差事，需要一年半載，心裡想出去逛逛也好，只是這趟出差後，就流浪在外，從此沒回臺北，後來婚也離，家也沒了，從此一個人自由自在過日子。從小不喜歡公主王子的故事，不相信快樂幸福的神話。離婚前跟妻子在天母，常常約餐廳吃飯，回家睡覺醒來趕上班，逛街吃飯睡覺再上班，這種生活感覺越來越悶，跟妻子話越來越少，心靈越來越空虛。醫生建議我去旅行，走走逛逛能讓心情愉快，沒料到出走旅行二十年，至今還沒結束。精神醫師沒想到，二〇〇七年改行當廚師後，躁鬱症竟然不見了，出走之後不再苦悶。下廚能療癒，《深夜食堂》漫畫劇情浪漫感人，而半夜站在廚房的人，他感受幸福滋味是什麼？

我承認，遠離臺北是因爲人生徬徨，出走流浪是不得已的抉擇。心理學書說，中年恐慌症候群、精神官能症等名詞和精神醫師的診斷術語，彷彿上教堂念念禱告詞求安心。十年來餐桌旁上菜時，年齡相仿客人問：「我很羨慕你現在的生活，你怎麼有勇氣，四十歲選擇離開臺北職場呢？爲何選擇這麼偏僻的臺東？怎麼規劃？準備多少錢？跟誰拜師學藝？怎麼肯定你的餐廳會成功？」

我看起來，眞的很幸福的樣子嗎？

幸福是什麼？我也不知道。

剛開始不敢面對流浪、出走、如此負面詞彙，連臺東在地人都認爲混不下去才留在鄉下，有能力都到都市去創業奮鬥，留在臺東的人是沒出息。

二十年前，窩在小酒館喝酒發呆閒聊，旁邊說：「臺東是小池塘，在這裡混的是小魚小蝦，你怎麼會來這裡呢？」在地人眼神裡似乎暗示，你混不下去，才會逃到臺東。近百年來，臺東是逃難天堂，從日治時代躲債逃兵，江湖黑道來躲避仇家追殺，六十年前八七水災後，西部難民來得更多，至於逃什麼難來臺東，從爲生計謀生、走投無路，到近年心靈出走尋夢找新生活，漸漸沒人計較流浪到臺東。

剛來臺東住在鄉間賓朗村落，日治時代留下四方格局，巷弄垂直交叉，農舍新舊雜陳，瓦房水泥房鐵皮屋相間。那時住在村落邊角，屋外是稻田果園，鄰里安安靜靜，非常休閒自在的村落。每戶人家種樹養雞，有庭院廣場，房屋相隔數公尺有樹籬相隔，沒有臺北公寓牆牆相隔緊密的壓迫感。我住在朋友別墅有車庫庭院、落地窗、西式廚房、餐客廳、主客臥室數間，一個人獨居，非常寬敞舒適悠哉。當時沒想到定居貸款買下，只是當作路過借住，安逸生活直到屋主賣屋後，我搬離村落，遷往農舍，眞正開始面對流浪人生。

十年後沉思，如果住在村落裡，習慣舒適別墅，享受悠閒生活，安逸多年後，我是否仍有勇氣出走呢？也許離開那棟像家的溫馨別墅，遠離舒適安逸的環境，才能眞實面對心靈空虛，尋找自由自在的人生路。

一個人獨處的滋味，在都市裡，不論在辦公室、家裡、電影院、餐廳，常常出現一人

一個人出走的山路

孤單機會，這些都是片段的孤單狀態，不是眞實的孤獨狀態。城市裡的獨處，只是疏離狀態，旁邊依然人來人往，耳邊不斷傳來陣陣城市喧囂聲，聽見隔壁吃麵唏哩呼嚕聲，地下商店街的人潮買賣雜音，電梯裡聞到古龍水香水氣味，孤單思緒在現實感官中雜亂拉扯，卻不是眞實的孤獨。走在人群中，被推擠壓迫往前走，那是身不由己被人潮捲走的孤單。在轉運站電扶梯節節上升下降中，華麗光彩的巨大廣告看板，一片一片迎面撲來，人被撕裂在城市圖像的暴力中，靈魂被巨大廣告人像吞噬，孤單只是美麗偶像眼神睥睨下無力感的卑微。

隱居山林農舍裡半年後體認醒來一個人、閒逛一個人、看書一個人、發呆一個人、喝咖啡一個人，當你三天、四天、五天甚至更久，沒遇見人，沒開口說話，才眞實領悟「一個人」的孤獨滋味。社會盛行念佛打坐禪修風氣，不言不語一週的禪七修練，這種心靈修行生活，跟著敲鐘聲音走的孤單；面壁禪坐時，偶爾傳來身旁棒喝聲音，雖然不言不語，還是跟其他修行人擦身而過，寺廟修行的入禪境界，不同於獨居山林的「一個人」的孤獨。只有在「一個人生活」的眞實狀態下，面對眞實空無，才能超越自我，或許如老子、蘇格拉底、尼采等哲人他們面對自我覺醒過程。

孤獨生活二年後恍然大悟，逐漸領悟梭羅寫《湖濱散記》的心情，爲何費心蓋屋？爲何獨居生活在山林中？當他漫遊穿梭森林湖畔時，感受春夏秋冬季節的自然變化。一

個人經歷荒野寒暑歲月後，思緒情感從過去世界抽離，一個人煮飯用餐，一個人整理庭園，一個人看書、寫作、沉思、漫遊，從周遭自然環境中尋找存在感受，讓心靈意識到我在、我思、我活的感觸。

清晨醒來，走出屋外，瞭望自然山林，感覺一片空白，深吸清涼空氣進入肺裡，知道自己活著、意識著，感官周圍樹林的風聲蟲鳴鳥叫，看見聽見眼前綠色山林裡的生命。經歷十八世紀工業革命，帶來繁華熱鬧的城市生活，人類遺忘十六十七世紀前鄉村生活，或更久更久以前的世界，人成爲都市人，失去適應荒野的本能。梭羅尋找烏托邦世界，他渴望回歸自然田園，出走到荒原中，重新激發生命潛藏的能量。如此想像，梭羅寫華爾騰湖背後的動機，有些複雜難懂，等到自己隱居獨處山林十年後，漸漸領悟他寫湖濱散記的思緒，回到荒野自然世界中，體驗出走的人生經歷，去尋找生命意義。

一九九九年剛搬到都蘭山上，當時沒想閱讀《湖濱散記》，或陶淵明杜甫等山林詩集，也沒想看佛經、西藏生死書籍，沒尋找隱居或孤獨的

人生路過的印記

書籍，頂多書店遇見談鄉村移民生活書，僅僅站著翻翻而已，書中作者的浪漫夢想，那跟我無關，每個人的田園夢想不同。每天生活很簡單，認眞整理庭園、上山巡水、修繕農舍、喝咖啡寫稿、朋友來小酌，外出打工賺生活費。空閒時，清晨沿著山徑慢走漫遊，半夜望著星空發呆，煮杯咖啡書寫，倒杯威士忌坐在涼亭聽音樂。

一個人的孤獨，眞好！

往前走還是逗留的迷惘

旅行二百年的咖哩飯

那天，開車穿越蘇花公路上一望無際的碧海藍天，思索未來抉擇去從，迎面風暴雨襲來，隨即雲消霧散，忽晴忽雨的旅途，彷彿人生起落順逆也是如此。那些年落腳臺東四處漂泊，從鄉野閒置別墅，遷徙荒山破舊老厝，越搬越遠最後住在荒煙蔓草中，享受活在世界邊緣的自在。隱居山林後，隨興在樹林間散步，享受孤獨寧靜，清晨坐在空蕩蕩涼亭，一杯咖啡一本書，在寧靜中找回悠閒自在。出走人生，彷彿一場無目的漫遊，意外閱讀那些食譜書，穿越時空從印度到歐洲到亞洲，每道食譜彷彿流浪旅人走過一個又一個城鎮，留下一些傳奇故事。

黎明前，雀鳥叫聲從樹林傳來，穿越庭園小徑，走進涼亭煮水、沖咖啡。天色迷濛中望著晨曦光影，愉悅的風從身旁流過，我喜歡天亮前醒來，享受孤獨寧靜氣息。每次搬家，喜歡在庭園樹林間蓋涼亭，二十年流浪生活蓋過五棟涼亭，散落在山林海邊。那天朋友來，涼亭意外從書桌變咖啡桌，再變餐桌，從小酌下酒菜變出即興料理。

忘記何時閱讀歐洲食譜書，二次大戰前，英國人書寫漫遊歐洲的食譜故事，敘述她在旅途中遇見鄉村料理、名店美食到經典美味。後來遇見美國食譜書，二戰後美國人隨先生出使法國，動念去藍帶學料理寫書，回美國後在電視臺教烹飪。她喜歡中規中矩做菜風格，敘述正統法式料理的手法工序，成爲美國第一代法式料理大師。

閱讀後察覺，英國人和美國人的氣質才情不同，對料理思維也不一樣，寫書敘述料理與滋味感觸，差距天南地北。美國人寫食譜，講究嚴謹工法，食譜必須寫出詳細步驟，食材香料的重量，還有烤箱溫度和烘烤時間等數據，做菜細節程式鉅細靡遺，彷彿化學實驗室的研究步驟，食譜寫得很精確很科學方程式。我喜歡閱讀英國人漫遊旅途，書寫當時遇見餐點情境故事，用餐氣氛感受，她當下對氣候地理人文的細膩感觸。她的食譜簡要紀錄食材類別和大致份量，描述不同地區不同廚師的烹調手法，注意食材來源特色，清晰敘述烹調關鍵重點，至於溫度時間重量只是大概敘述，沒有特別精細的說明，食譜就由內行廚師來發揮。

五十歲那年，坐在涼亭餐桌上，翻閱伊麗莎白．大衛 Elizabeth David 寫的書，想像她二次大戰前，漫遊希臘、法國遇見鄉村廚房，她敘述馬賽魚湯，當時使用材料和烹調方式。陪同漫遊的老紳士美食家，提起十九世紀遇見的美食回憶，兩人回顧過去與現代的變化，討論各地食物風味的過往今來。她一段段旅途場景，一間間餐廳料理，遇見各地美食的風味，讓我沉思年齡、境遇、當下、素養、品味、風土與料理之間的連帶互動關係，隱約看見那個烹飪的廚師身影，在伊麗莎白書中文字間。

她曾經閱讀十九世紀駐印英國軍官 Kenney Herbert 的食譜，他在印度負責軍官團餐廳料理，承襲英國貴族軍官傳統，如何運用印度咖哩香料，融入英軍官方禮儀美食中，獲得軍官團的讚賞。回到英國後，他在倫敦開餐廳，將咖哩滋味傳入英國，隨後商人從進口胡椒豆蔻香料，進化改以工廠生產罐裝咖哩粉到英國。從十八世紀英軍料理進入印度的旅途，英式風格飲食進入印度洋，延伸到麻六甲海域，成爲新加坡英國海軍的饗宴。十九世紀印度咖哩香料隨英軍退伍軍官返傳入英國，出現英文咖哩名詞「Curry」。她敘述食譜旅行的故事，注意到從鄉村美味旅行到都市美食的變化，細膩觀察滋味在旅途時空中的變化。

在日本明治維新書籍，日本軍官向英國學習現代海軍作戰方式，將咖哩飯列爲海軍船艦料理，海軍咖哩食譜被船員帶下船，成爲二十世紀初東京時尚料理，咖哩豬排飯是日本洋食的創新代表作。三十年前日本咖哩連鎖店開始在臺灣展店，將蘋果加入咖哩中，二十年前街頭流行「番茄咖哩」餐廳，近十年臺灣風行印度正統咖哩風味。

童年很喜歡媽媽和祖母做的豌豆紅蘿蔔馬鈴薯豬肉咖哩飯，經過半世紀才知道咖哩食

地中海風味料理
A Book of Mediterranean Food
伊麗莎白・大衛 著
Elizabeth David
黃芳田 譯

涼亭裡閱讀的思想

譜，遠從印度旅行到歐洲英國，輾轉亞洲日本，再傳入臺灣民間生活飲食中，成爲心靈美食記憶。流傳千年的印度香料蔬菜飯，被英國人命名Curry，帶回英國，日本人將其變成現代洋食料理，傳入臺灣民間食堂變成「咖哩飯」新名詞，一道咖哩竟然是旅行二百多年的食譜傳奇，咖哩彷彿移民流浪家族散落在印度、歐洲、亞洲各自發展出不同混血風味。

那幾年閱讀食譜書籍，不在意料理傳統或創新手法，而是沉思人生與菜餚之間的關連情境。像咖哩從印度出發，抵達英國的咖哩已經不是印度咖哩，輾轉到日本洋食咖哩更不一樣，至於我媽媽從家政班學做的咖哩又變了！今天在超商便利店的咖哩飯就有「爪哇中辣」和「和風微辣」的區別，可見食譜在時空旅行中不斷轉化，不停混血加入當地元素和風味，食譜旅行彷彿一首變奏曲，不斷即興演奏變奏，唱出不同在地人文的風味。多年後恍然大悟伊麗莎白書中意義，她寫人生的旅途滋味，寫出品嚐的心靈感受，她寫食譜的旅行故事，寫食物滋味在時空中旅行演化的傳奇。

近十年從似懂非懂漸漸領悟，出走爲何讓我變成廚師？意外流浪到臺東！意外出走馬祖！將我詮釋改造義大利麵食譜，傳入東莒島民中，那天才瞭解「食譜出走」的人生意義。從此，從閱讀吸收食譜知識，轉向探索人生旅途的滋味，出走去流浪是自由希望，也是一場料理革命的旅行，自由需要反叛，革命需要顚覆，希望是一場無休止的探險旅行：「帶著菜刀去流浪」。

奔向東海岸的異鄉旅途

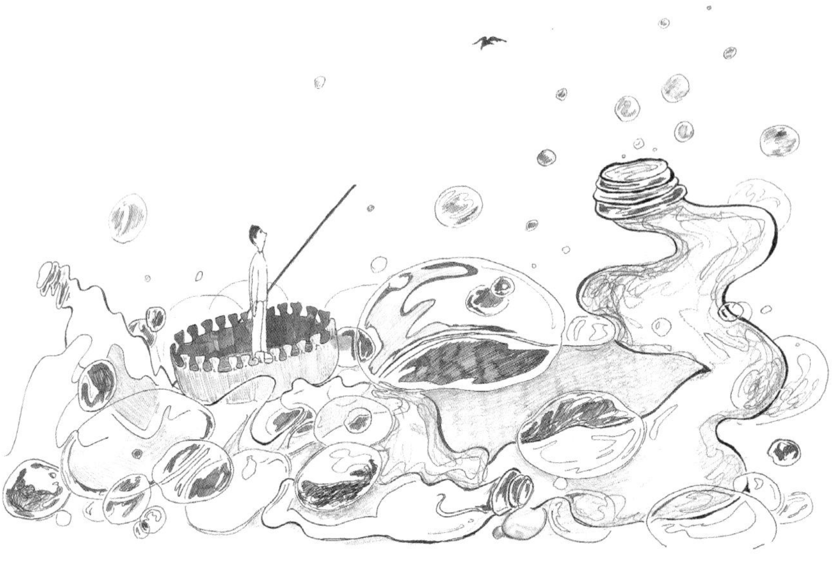

番茄鯖魚罐頭戰地大餐

那年母親節，承諾到馬祖外海偏遠島嶼，去外滙做菜。一個用餐客人問：「我在東莒教書，母親節那天你能來這裡，教學生的父親，做菜給母親吃嗎？」客人沒說做什麼菜。心裡想，要從臺東搭飛機到臺北，再轉機飛到馬祖，下機還要搭船前往北方的小島，這是最近的航線，轉兩班飛機再轉一趟船班，接駁順利需要六七小時。如果遇春天迷霧，航班停飛要等二三天，可能到不了。

那是遙遠的地方，離島之外的離島，曾經是戰爭的前線，戍守軍隊對抗敵人的邊疆。黎明時客輪抵達馬祖，下船立即登船轉搭小艇前往，登岸碼頭旁防禦城牆上寫「毋忘在莒」，如同昔日塞外邊城的碉堡，城牆沙灘海潮殘留當年戰爭迷亂的記憶。昔日大軍已消失，幾輛老舊戰車火砲散落荒野，展示當年奮戰氣息。騎機車約二十分鐘繞完島嶼一圈，島嶼周圍懸崖峭壁是讓當年敵人懼怕的陣地。現在駐防軍隊加居民不到三五百人，村落裡沒菜販菜車，幾家民宅餐廳散落村裡，居民抓魚種菜自食，偶爾旅客預約住宿用餐。

學校老師再三來電拜託，不得已推辭母親節訂餐的客人，決定夜奔離島，由於迷霧季節，只好選擇漫長的旅途，從臺灣的東南角落前往遙遠的北方離島。上午從臺東搭車到七堵，再轉車到基隆已經黃昏，穿過細雨紛飛的街道，轉往碼頭候船室購票等候。深夜船班啓航後，望著基隆港燈光慢慢消失，倒杯威士忌站在船舷，瞭望黑色海面幾點星光，迎著冷澀海風，聆聽海浪濤聲，悠遊思緒從心底緩緩浮起，剩下低沉引擎隆隆震動聲響在黑暗中。

客艇抵達島嶼，學校老師在碼頭等候，下船上車直奔學校，徒步穿過空蕩蕩校園，走進餐廳廚房，巡視鍋碗瓢盆廚房設施，爐具點火測試運作正常。彷彿剛上任奉派孤島的指揮官，巡視陣地班哨的火砲槍械彈藥，校閱部隊掌控火力部署，等待戰役開始，發起攻擊防禦。如出發前預料春雨霧迷，三天前寄出應該抵達食材補給，因爲迷霧航班停飛二天，食材尚未送達島嶼。查問快遞公司，傳來消息說「今天可能會到，什麼時候不知道？」如果沒到，今晚就無米可炊，更慘的是，萬一沒搭船來，我可能睡在機場等候起飛，沒機位也飛不過來。如果戰爭期間，離島防衛如何維繫補給，數千人伙食米糧和彈

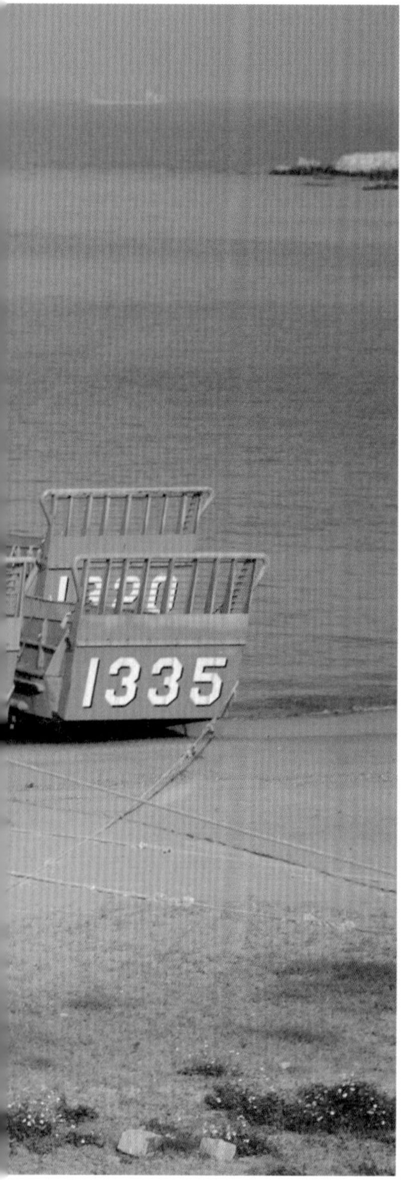

築，穿越重重砲火搶灘，那個年代運輸補給確實很辛苦。

這天終於領悟「巧婦難爲無米之炊」，急也沒用只好四處逛逛，穿越村落欣賞閩北砌石傳統建築，小徑在村落與樹林間蜿蜒，時而眺望岬角風光，時而隱密在樹林中。許多險峻海岬峭壁，彷彿暗藏寶圖的神祕島嶼，讓人遐想四五百年前，海盜船躲藏在這裡，修補船隻埋藏珠寶，以及藏寶圖傳說。晨霧消失後，涼風陣陣吹來，漫遊山林海岬的感覺非常微妙，思緒在出走的浪漫遐想中飛揚。彷彿看見風帆海盜船悄悄滑進海灣，落下船帆卸下小艇登陸，幻想如果我是海賊廚師，登岸那一刻準備野炊，收集兄弟們抓來的魚，採集附近的海菜野菜，站在世界邊緣的島嶼海灘上，準備一場饗宴，那種廚師出走天涯海角的感覺會如何？

前往戰爭失憶的離島

中午過後，傳來訊息，食材到達，立即趕往學校，打開陸空海運接駁送來的食材，依序整理歸位，動手開始備料。四天前到市場肉販採購肉片，食材行買橄欖油，麵條、香料，將冷凍或一般食材分開，一一打包運到宅配公司寄出。散步時，心裡掛念那些冷凍食材，經過三天是否途中解凍變質，到達時冷凍包裝紙箱已經解凍濕透，幸好裡面肉片還冰涼硬塊沒變質。

傍晚五點整，十一位父親出現集合列隊，也許戰地成長，當過自衛隊員，見識過兄姐父母的戰地生活，習慣列隊站成一排。彷彿戰地指揮官校閱部隊士兵，我高聲問：

「誰會炸豬排？誰會熬湯？煮麵？請舉手！」

連續丟出幾個問題，找出最佳人選當組長，分組安排豬排裹粉、炸豬排、熬醬汁、煮義大利麵人手。分組後，一一說明每個工作流程步驟後，特別交代遇到問題，隨時高聲大喊通知我，只要有人大聲呼喚，立即趕去視察說：

「麵再煮一分鐘起鍋，拌橄欖油！」

「醬汁轉小火慢慢收乾，注意不停攪拌，別讓鍋底燒焦！必要時可以熄火或鍋子離火，繼續攪拌不能停。」

「這樣炸法，剛剛好，你是專業老手，炸豬排就拜託你，感謝。」

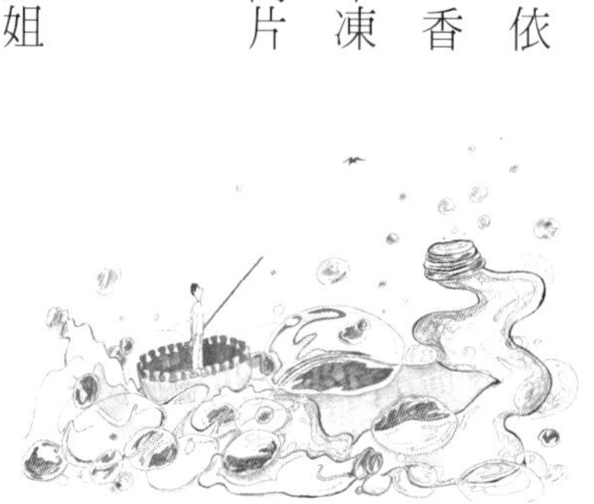

彷彿指揮官馬不停蹄奔東奔西，指揮部隊作戰，九十分鐘征戰後，七十份餐點順利上菜。

出發前一週，來電說「我們想吃義大利麵，可以嗎？」雙方通訊討論後，決定義大利麵和炸豬排，也許臺灣是平常食物，在離島卻是難得一見的美食。每次搭機前往金門馬祖離島，總會遇見三、五位旅客，每人提著三桶、五桶炸雞，臺灣旅客總會露出不耐煩眼神，機艙瀰漫濃郁奶油炸雞香味，有時空姐會幫忙提著炸雞安置行李，不耐煩的人很難理解這些落地變涼已經走味的冷炸雞，卻是當地孩子們最開心的食物。臺灣肯德基店到處有，但是離島就很困難吃到，一般人很難想像在食物匱乏的戰亂時

戰亂迷失的角落

代，往往一道尋常食物卻變成難忘滋味。

六、七十年前，金門馬祖屬於戰亂時代，水煮白麵乾加魚肉罐頭，是島上美味大餐，那是戰地時代美食。電視旅遊節目播出金門在地美食，用蔥蒜爆香加在地蔬菜或高麗菜，快炒出味後，倒入番茄鯖魚罐頭快火熬煮滾開，再加入沸水燙煮過的麵條，再滾開一次裝碗出菜。大廚說：

「這是我們那個年代的戰地大餐！」

那些年代那些滋味，每道傳奇料理都有時代場景故事，簡單的番茄鯖魚高麗菜湯麵，勾勒戰亂窮困時代的美食滋味，寒風冷雨中端碗麵熱呼呼吃完，那種料理場景令人感動。想像從砲火殺戮戰場歸來的疲累戰士，滿臉汙垢滿身泥濘闌珊走到補給站，在荒野中找塊石頭坐下來，喝一碗熱湯的幸福感。

忙完出菜，每個人都就坐，幫廚的父親們都跟家人一起坐下。校長喊聲：

「起立！我們感謝大廚師帶給我們，豐盛的母親節晚餐！」

老師家長們起立鼓掌，我邀請家長父親出列。我致詞：

「感謝十一位父親幫忙，讓我們順利完成晚餐！」

我帶領父親們鞠躬敬禮下臺，完成任務「母親節，爸爸做菜給媽媽吃。」

許多年後，在花蓮咖啡店，遇見剛認識的朋友，聊起往事，意外提起離島下廚的故事。突然間，那位中年大叔站起來，向我立正敬禮說：

「你願意從臺東，搭火車坐船到馬祖，又前往北方更偏僻的離島東莒，我很佩服也很感動，我是西莒人，代表馬祖人向你敬禮。」

提起昔日漫遊西莒島，經過峭壁上班哨碉堡，瞭望北島秋瑟的海景，渴望那天能夠在秋冬季節，窩個睡袋圍爐炭火，一瓶馬祖陳高或老酒，幾塊在地臘肉小菜魚乾，夜宿碉堡想像戰士駐防邊疆的情境滋味。

兩人聊起島嶼碉堡戰爭風景，他說：

「你講峭壁上的碉堡班哨，就在我家附近，再往前就是你說最北邊班哨，時而機槍掃射驅趕對方漁船，就是蛇島。沒想到，你走過我家門口，很高興在這裡遇見你。下次有機會，陪你到那班哨過一夜！好好喝杯老酒！」

那是另類饗宴，寒風冷雨中兩個旅人窩在空蕩蕩野戰場，升火烤著臘肉魚乾搭著花生，豪飲一杯杯高粱。

隔天清晨，走過民宅菜園間小徑，穿越一片樹林，徒步到島嶼岸邊，佇立峭壁上凝視晨曦，聆聽海浪拍打礁岩的濤聲，呼吸浪花捲起海霧氣息。站在岬角上眺望海灣，幾朵飄渺白雲靜靜飄過海面，再次遐想五百年前海盜船緩緩駛進海灣，沒有電冰箱冷藏設備的年代，怎麼保持食物新鮮？船上怎麼起火烹調，甲板擺個石板上面放炭爐？遇到風浪時怎麼辦？浪漫想像不斷浮現如傳奇電影，海盜們慶功宴的料理景象，他們會到附近城鎮綁架廚師？登岸招募流浪廚師來下廚？還是廚師變成海盜，拿著菜刀搶劫，切菜和砍人的刀會是什麼樣子？如果我是海盜廚師，會怎麼做菜？如果遇到喜歡吃美食的海盜頭子，不想被踢下海或被砍頭，我該如何應變？如果五百年前麻六甲海峽，各國海盜相遇時，他們結盟饗宴會是什麼情景？

邊城屋頂上的遐想

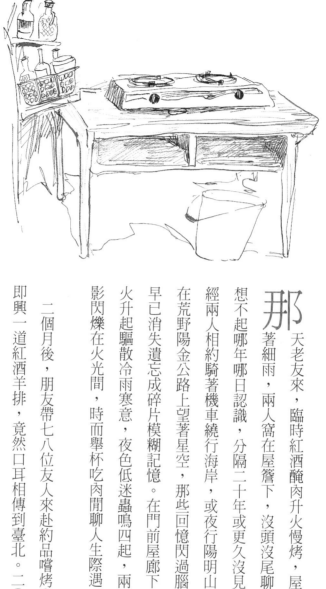

荒山野地的涼亭廚房

那天老友來，臨時紅酒醃肉升火慢烤，屋外下著細雨，兩人窩在屋簷下，沒頭沒尾聊著。想不起哪年哪日認識，分隔二十年或更久沒見，曾經兩人相約騎著機車繞行海岸，或夜行陽明山，躺在荒野陽金公路上望著星空，那些回憶閃過腦海，早已消失遺忘成碎片模糊記憶。在門前屋廊下，炭火升起驅散冷雨寒意，夜色低迷蟲鳴四起，兩人身影閃爍在火光間，時而舉杯吃肉閒聊人生際遇。

二個月後，朋友帶七八位友人來赴約品嚐烤肉，即興一道紅酒羊排，竟然口耳相傳到臺北。二〇〇四年夏末搬家，越搬越遠，農舍座落海拔四百公尺山林裡，山路崎嶇走在稜線上，兩側斷崖溪谷叢林密布，樹枝芒草刮到車身，驚險萬分。當時想短暫隱居山林二三年，遠離塵世，農舍破舊也無妨，能遮風避雨就好。遷徙後，朋友堅持來訪，邀約十位饕客前來，剛遷居老舊農舍，庭園尚未整理，因陋就簡在農舍廳堂，拉開摺疊會議桌鐵椅當餐桌椅，擺上香蕉葉當餐桌巾點上燭火，光影搖曳人聲騷動，饗宴開場上菜。在昏暗的屋簷前廊下，升火烤肉，克難桌上當廚臺片肉切菜，屋簷外細雨紛飛，夜色迷濛，一人忙進忙出送菜打點，時而與客舉杯慶賀，時而注意烤肉火候，賓主盡歡乾杯到深夜。

一場荒山野宴，讓一群朋友客人念念不忘，留下荒野浪人廚師傳說，每二三個月他們就會邀約朋友來訪，品嚐野宴滋味，他們搶著付錢買單，希望我開店，但被我婉拒，一個月玩二三次有趣好玩。若天天開店，等候客人上門，卻不是我想過的生活，出走流浪到山林生活，並非來等候客人上門用餐，當廚師是偶然，下廚非本願，烹調料理是意外人生，涼亭廚房開餐廳是一場人生誤入歧途的跳針插曲，我沒想過當廚師，連我都不知道我能烹飪。

朋友嫌棄摺疊會議桌和冰冷鐵椅，坐起來不舒服，送來國外進口竹籐餐椅，水晶壺，和名牌刀叉碗盤餐具，希望做出更好的料理，讓他們享用。半年後，動手興建涼亭，安置洗水槽、漂流木廚臺、置物架擺瓦斯爐，一張漂流木拼湊餐桌，當喝咖啡閱讀寫作的書桌，朋友來兼作客餐桌。餐廳簡陋克難，沒大費周章買專業廚具設備，也沒錢買，撿來朋友不要的瓦斯爐、路旁丟棄的鄉村馬賽克水槽、生鏽廢棄置物鋼架，拼湊成波希米亞風的浪人廚房。

回收前棟農舍涼亭木料，搭建八根柱子頂著簡易涼亭，屋頂木架釘上薄薄木心板，貼上油毛氈刷柏油，乾了再刷三次，撒些沙子再刷柏油。鍋碗瓢盆是公路邊卡車舊貨攤買的，廉價便宜二手貨，跟撿來爐具水槽一樣拼拼湊湊。一個被職場淘汰的中年大叔，伴隨二手餐具廚具、手作拼湊涼亭，做不上道不入流的拼裝車料理，如此出走人生也是恰當，落難荒野的流浪宴席，漸漸變成山林傳說也是意外。

朋友約餐後，動念買書閱讀，每次北上逛書店，挑些有趣食譜書，翻翻讀讀，沒跟著食譜學做，沉思不同時空文化中，各國食材與香料如何調味變化的故事。書是隨意翻，喜歡看二遍三遍，沒興趣跳過，像抽普克牌隨手翻讀。市場買菜，隨興看到什麼，覺得可以試試就買，怎麼煮不知道，歸途邊走邊想，菜擺入盆裡，煮杯咖啡隨興翻書，那頁來那頁去發揮，隨興來隨興去烹調，無章法無師門。對於流浪者，自由自在比什麼重要，下廚做菜也如此隨興。

剛搬遷第二棟農舍，草創涼亭廚房是異想天開，烹調方式天馬行空。食譜說蒸煮炒，卻用燜煎烤來變化，善用「解字訣」拆解食譜，「逆字法」思考另類烹飪方法，二年間不斷發掘食物滋味，三分熟、五分熟、七分熟的滋味差別在哪裡，如果再冰過呢？放在冰塊上，還是放冷凍庫冰鎮，還是冷藏？冰多久有什麼差別，一個食材想出五六種料理手法，變化不同層次的滋味。若二種、三種食材相遇，彼此激盪什麼滋味呢？

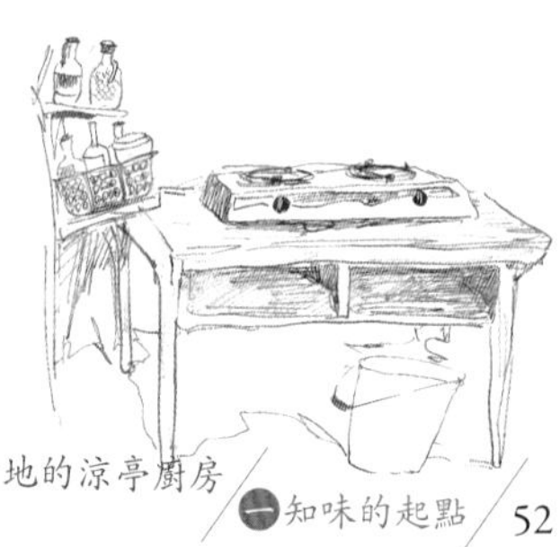

翻閱伊麗莎白精選集《南風吹過廚房》，喜歡裡面文字敘述料理的風格，從食材肉蔬的時空背景、當地廚藝的人文特色和簡潔俐落的食譜做法。在蛋的章節中發現她的文字魅力「人人都知道，只有一種方法可以不出錯做出完美的煎蛋捲，自己的那一種。」煎蛋捲Omelette有許多種做法：「細香料草煎蛋捲」、「番茄煎蛋捲」、「培根煎蛋捲」、「酸模煎蛋捲」、「麵包丁及乳酪煎蛋捲」等，讓我想起偶爾把香腸切碎煎過，打二顆蛋到鍋裡拌炒或煎荷包蛋當早午餐。

偷懶直接把切碎野菜香草加

創造驚喜的人生餐桌

蛋打進鍋裡炒香腸裡一次煎完了事，倒杯紅酒一塊烤麵包，靜靜坐在涼亭裡望著屋外森林，陣陣涼風吹來，一邊用餐喝酒一邊翻書，窩在涼亭廚房裡看書沉思，這是二〇〇六年間隱居山林的生活型態。翻閱番茄煎蛋捲 Omelette à la Tomate 食譜「一顆去皮番茄切丁加鹽和胡椒，放在鍋裡用奶油炒，時間不要超過一分鐘，炒好起鍋備用，等蛋汁入鍋後再放置在上面。」

突然聯想童年常吃「番茄炒蛋」，微微酸甜搭配湯汁的炒番茄，到現在自助餐或便當盒裡也常常遇見，還有麵攤小吃店裡常見「番茄蛋花湯」，這些跟書中食譜有什麼關連？番茄好像是荷蘭人引進臺灣，何時出現「番茄炒蛋」、「番茄蛋花湯」的食譜？伊麗莎白在《法國地方美食》書中提起「番茄煎蛋捲」是何時出現在法國？荷蘭人的食譜有這道菜嗎？那西班牙人的番茄做法又如何出現？番茄何時出現在蛋的料理呢？番茄如果來自美洲大陸，何時來到歐洲變成地方食譜？番茄如何從西班牙人手中變成義大利麵的醬汁？似乎番茄旅行很長很長的時間，食譜跟隨旅行到不同的地方出現不同的故事，也許用苦兒流浪記筆觸，寫一本書《番茄流浪記》。

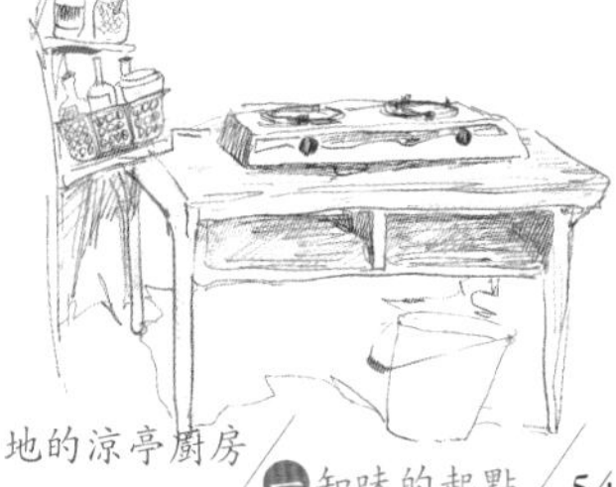

PASA廚房從涼亭開始

來亂的波希米亞思緒

打開冰箱，搜尋食物，直覺想這個加那個，不這樣做，改那樣做。當你沒錢，朋友臨時來訪，沒時間也來不及去買菜，最簡單是「清冰箱」找食材，即興變出幾道菜。也許貧窮逼迫，不得不臨時應變，因此即興訓練，變成料理創意來源，從搜冰箱到逛市場，每次遇到不同食材，就即興產生不同的想法。料理 ING 進行式思考方法，不斷激盪理念往前走，從一個概念延伸出另一個概念，這個概念變一點，那個做法調一些，食譜是提供烹調料理結構的概念，或是一種心法、思維、想像、創意等等，如何從參考起點出發，如何因地制宜，掌控變化過程才是烹調的核心思想，或稱之爲「烹飪哲學」The Philosophy of Cooking。

料理創意是天馬行空，依當下直覺，整合變化思考後，下廚調理出菜，結論是用餐人拍手叫好。從松阪肉片灑百香果，到豆腐塞起司烤，番茄挖空塞肉醬燜，在一連串即興想像的料理中，慢慢玩出自由自在的烹飪風格。捨棄義大利羅勒青醬做法，不用橄欖油松子食譜配方，改用九層塔、茴香、野菜、加洋蔥打成泥的野菜青醬，被名門正派西廚批評：「這不是青醬，法式青醬如何？義式青醬該如何？紅醬白醬褐醬該如何做，才是正統。你根本亂來！違反青醬定義，不能叫『青醬』。你是來亂的。」

「來亂的」對流浪廚師，是恭維話語，對於波希米亞、吉普賽人流浪民族是不在乎，走到哪裡吃到哪裡，到草原河邊採集野菜根莖類，到森林裡撿拾蕈菇，只要不中毒就好。流浪久了，知道那個森林那個河流那個季節有什麼好吃的，隨著季節飄移採集網捕，有什麼吃什麼，這是流浪者的料理思維。對於城市廚師，「野菜採集」可能找不到、遇不到這樣食材、沒有機會學習；他們長期習慣在特定食材、制式廚房爐灶，跟隨師傅學習經典方法，主廚怎麼說怎麼做，一代一代傳承變成正統料理，因此城鎮廚房累積名師大廚的經典食譜。我不在乎亂，食譜配方正不正統，書本告訴你配方一二三四五，這個季節沒這個，改那個，變成二三五七八，只要做出來好吃，就好。

傳聞禪宗大師在崇山峻嶺的山洞面壁尋求人生頓悟，我在荒山野地的涼亭廚房烹調爊肉尋找人生啓示。朋友調侃說：

「聽你說菜，彷彿禪師講道、牧師傳道！煞有介事說東道西，眞會掰，像傳道人，只是，不知道你傳什麼道？」

「我傳的是，胡說八道，懂嗎？不懂，菜好吃就好，管他黑道白道。」

一群朋友笑翻了。

也許開玩笑，眞眞假假，我沉思過烹調的火候哲學，從煎、煮、炒、炸、燉、燜、烤等方法，仔細察覺食材滋味昇華的變化，從中掌握火候竅門，沉思調味的步驟爲何加這加那，如何選擇酸甜苦辣的均衡，拿捏多一點少一點的差別。自學過程，沒什麼規矩、方法、傳承、門路，只是順著感覺、思緒、即興、自在去摸索嘗試，發現當下呈現滋味那一剎那絲微的變化，人生旅途不也如此，一路跌跌撞撞，爬起來繼續往前走嗎？在跌倒站起來那片刻，你看見什麼？想到什麼？感受什麼？

平常隨興懶散、漫不經心，彷彿即興玩料理，沒事時，坐在廚房翻閱食譜書籍思索時，仔細思考拆解，那些步驟有什麼差別？過程中有什麼變化？如何適當控制？常常邊做邊想，同時一邊上菜一邊想如何處理下一道菜，一道一道交錯出菜，客人邊看邊吃邊問，我邊做邊聊邊想，我喜歡開放廚房，我的廚臺就在客人餐桌前面。二〇〇七年創店時，涼亭水槽工作臺瓦斯爐置物架並列，空間非常窄小，洗菜安置食材後就沒有地方運用，利用餐桌一邊料理食材，客人喜歡餐桌前邊做邊聊的用餐方式，其實是另類中島型廚房，開放廚房邊烹調邊出菜，客人不斷聞到滋味變化的味道，感官不斷激盪思維，常常邊吃邊問烹飪問題。

饕客常問：「你如何掌握燙蘆筍火候技巧，保持脆度和鮮甜度？」
追問：「蘆筍用燜烤和水煮有何差別？燜烤幾分熟怎麼判斷？」
續問：「用目視法，怎麼知道燻肉烤到恰好？」
再問：「為何交錯葡萄柚柳橙汁，隨意揮灑？」
探問：「你怎麼會想出，鮮肉裹乾香料抽真空冷藏熟成呢？」

野炊燻煙的火候啟示

困惑：「你怎麼控制火候？如何選擇烹飪方法？」

這些問題盤繞在客人腦海裡，略懂廚藝下過廚房的人更好奇，

反問：「過去我爲何沒注意到？沒想到呢？」

那天教徒弟燙蘆筍和甜豆說：「鍋子裡水要多，水少菜多，等到燙熟，菜已煮過頭，變成煮菜，蔬菜甜味跑進水裡，脆度也會消失。你必須等待大鍋水滾時，蘆筍甜豆要分開下，菜量多時寧可分成二次三次下水川燙，不要偷懶，一次全下會煮過頭。」

示範目測水煮法，觀察甜豆入水後，用濾網微微壓入熱水中，左右翻動，讓甜豆在水中來回上下流動，接觸熱水溫度。十秒後，當甜豆從深綠變成翠綠，表面出現油脂光澤發亮時，微微傳來甜豆滾燙膨脹的滋滋聲，立即撈起離水。

徒弟：「怎麼判斷甜豆已經燙熟？何時決定撈起？」

「當甜豆變色時，注意從深綠轉變翠綠的色澤變化，不能等到全部翠綠出現光澤才撈，必須在出現翠綠油亮變色時，聽見滋滋聲音，快速撈起離水。甜豆已經吸飽水中的熱量，離水放涼或過冰水時，甜豆裡的熱量會繼續催化熟成。等下用手指捏捏看，甜豆是否保持彈性，如果太燙，用夾子輕輕壓捏看看，感受甜豆的彈性，有彈性就是

有脆度！」

「川燙蔬菜，講究眼明手快，眼觀耳聽，仔細察覺任何變化，當你累積越來越多經驗時，掌控火候的技巧就越純熟！多做多看多聽！在廚房裡學料理，注意廚師的烹調動作和食材變化，你必須學會用眼睛看、耳朵聽、鼻子聞，不要死記公式、死背食譜，書上的溫度時間數據只是參考用，食材多寡和烤箱鍋子大小都是相對，數據只是參考，不是絕對答案。」

從燙跟煮的差別中，開始領悟烹調的思想，簡單的燙甜豆過程中，不斷觀察推敲食材的烹調變化。後來擴大思考範圍，思索調味變化，爲何加這加那有什麼差別？不用臺灣米醋，改用西式蘋果醋、紅酒醋、巴西米克醋、或高粱醋、黑醋、水果醋，有什麼差別？用在什麼食材比較好？

變通會激發靈感，創造一道驚喜料理。廚師傳奇故事中，經常出現意外，某天廚房欠缺某種食材或香料，廚師應急想出變通方式，意外創造新滋味，事後廚師說：「以前沒想過，那天剛好缺那個，沒得選，拿來代替，沒想到產生這麼好吃的味道。」

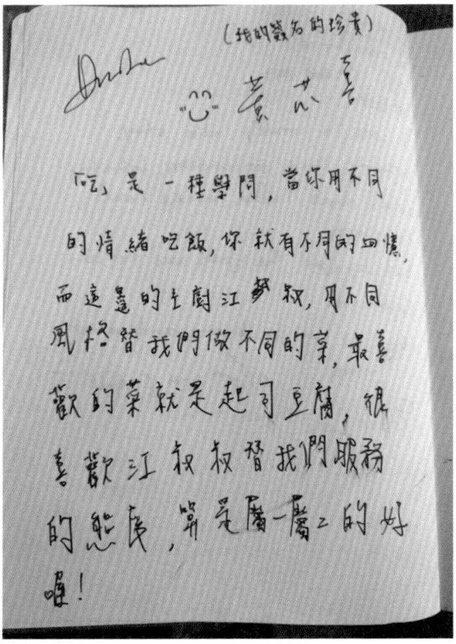
(我的簽名的珍貴)
「吃」是一種學問，當你用不同的情緒吃飯，你就有不同的回憶，而這邊的主廚江叔叔，用不同風格替我們做不同的菜，最喜歡的菜就是起司豆腐，很喜歡江叔叔替我們服務的態度，算是屬一屬二的好喔！

小六女孩的禪語頓悟

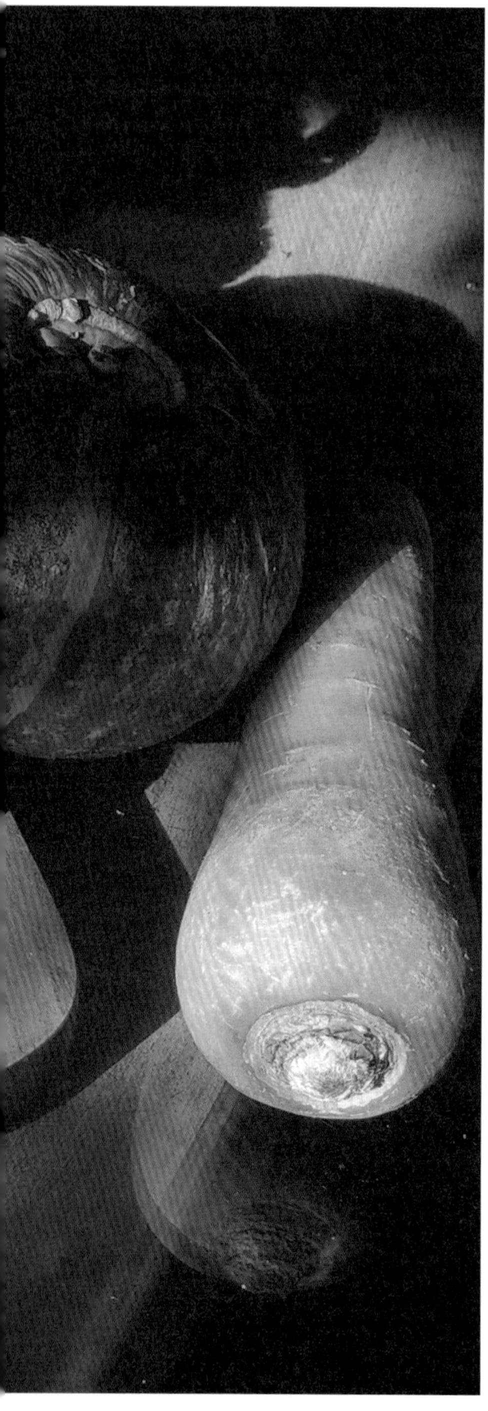

傳聞，宜蘭名菜「絲魯肉」，也是意外產生，酒席後讓客人解酒，突然加點一道熱湯。宴席尾聲，來不及備新料也欠料，廚師臨機變通，把廚房剩下現有的食材，切煎炒煮煮混成一鍋熱湯。那天朋友帶路走訪老店，喝湯時仔細看湯裡食材，推敲想像，如果，我是那個廚師，在那樣情況下，我會怎麼做？

許多老店名菜，經過多年廚師技藝傳承，不斷演化創造一道道經典食譜，這些食譜遇到許多驚喜創新後，變成地方名菜。三、五十年一代一代相傳後，後人廚師往往只知跟著做，卻不知爲何如此！等到某天，那個意外出錯的廚師，又回到料理初衷，回應當初發明這道料理情境，一時意外再出現驚喜的食譜傳奇！

摸索食材的隱藏滋味

帶著菜刀去流浪

她來採訪寫專題報導，上網搜尋資料，看我寫的部落格、臉書、雜誌刊登的報導。搜尋過去我參與過的事件，刊登過的文章，一篇一篇拼湊人生記錄，想尋找我變成廚師的生命軌跡，推測人生演化的轉捩點。她帶一張地圖，上面標示我走過的地點、時間、料理、文章，和一張大事記年表。

那天她出現寒暄問候，簡單問小學念哪裡？國中想什麼？高中的志向？

國小國中高中不曾想過當廚師，很少進廚房，連煎蛋都沒碰過。

問完過去經歷，她在紙上標註，隨即切入重點，話題從「減法料理」到「原味調味」，問起樸實手法如何發現？如何減少調味料發掘食物原始滋味？問起烤菇、烤青椒、烤洋蔥、烤大頭菜如何拿捏火候，最後問起烤洋蔥如何掌握爽脆可口，如何不嗆辣而微甜。現場烤箱示範，教她如何用拇指中指按捏，感受洋蔥軟硬度，找出六七分熟彈性，放涼再吃，或冰涼過再吃，讓她感受不同烹調方式的滋味變化。

她問：「你怎麼知道六七分熟呢？用手指捏嗎？」

拿顆生洋蔥遞給她，讓她親自捏捏看，比較烤過和沒烤的軟硬度。

「我們有嗅覺、味覺、觸覺、聽覺、視覺，料理過程有各種現象，如果能夠細心注意其中感覺的差異和變化，就可知道火候在哪裡？妳剛才應該聞到微微的洋蔥香甜味？那是洋蔥焦糖化的甜香味，那是甜度的火候。用手指壓捏觸感，讓你學習掌握洋蔥脆度的火候？嗅覺觸覺都是幫助你判別火候，有時候聽覺也可以判別，譬如炒菜鍋鏟的聲音，可以分辨翻炒是否到底。」

追問：「你怎麼知道這些呢？跟誰學呢？是書本上有寫呢？」

「我沒學過，也不是從書上閱讀知道，只是做的過程，仔細觀察，慢慢體會烹調步驟，注意細節，多看多做多摸索多觀察，就可以學會。遇到的狀況越多，從觀察錯誤中，領悟的

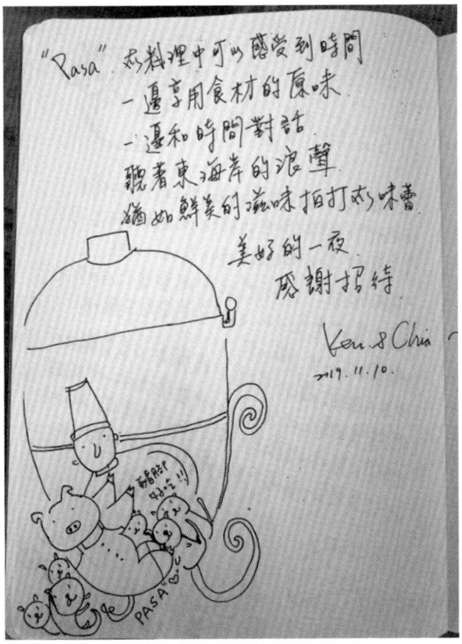

遇見知音感動的思緒

方法知識也越多。當你遇見不同鍋具爐具時，如何瞭解性能和操作方式，這是廚師的本能，也是烹飪微妙之道。」

問：「你是無師自通嗎？」

回：「自己摸索，自我學習，自我成長。」

她不斷延展話題，把我研發的料理食譜，列成大事記年表，追問那一年做出那一道菜，那一年又研發什麼，一點一點追問串連，探尋料理思想軌跡，尋找食譜創意的思維模式。她猜想有一個料理創意公式，可以運用來發展創意料理。

聆聽她的發問，直覺她會下廚。

她連續問：

「你曾經寫過一篇〈帶著菜刀去流浪〉，料理爲何跟流浪有何關連？」

「流浪能夠激發靈感嗎？異地旅行帶給你不同的想法呢？」

「你喜歡逛市場嗎？出國時，你會去逛市場嗎？」

忘記怎麼回答，當她問到出國逛市場時，突然想起，離婚前最後一次出遊法國，那天逛市場時，被各種食材迷亂，我逛昏頭走丟，把妻子留在市場裡，重逢時她不再說話，

我記得她盯著我的眼神，充滿奇怪疏離的神情。

我爲何在市集走失？那天，入住巴黎的旅館樓下，某天下午突然搭帳棚刷洗路面，隔天清晨街頭出現市集，起司、橄欖、麵包、燻肉、香腸、番茄蔬菜攤販，不是走失，是被一堆堆異國食材吸引，還是心神恍惚而迷失？當你遇見三、五十種起司，琳瑯滿目如糖果屋迷幻心靈，攤販熱情請你試吃品嚐，隔壁攤賣橄欖也是瓶罐箱盒，數十種紅黑綠各式橄欖，讓你眼花撩亂，這裡嚐嚐那裡吃吃，當你一攤攤走下去，身邊的人就不見了。

當她追問時，想起巴黎那天街頭

市集，想起前妻身影若隱若現，想起一落落堆疊的食物，我陷入迷惘的思緒中，是那天市集迷路，讓她決定離開我？那時還不知道我會烹調，卻被異國風味食物吸引迷惑。

淡淡漂泊的思緒浮現在腦海裡：

「確實，喜歡看歐美旅遊頻道，隨著電視場景，遊走在異國市集裡，察看各式山產海鮮食材，聆聽名廚主持人探問烹調方式？品嚐滋味的表情！」

她問：「你喜歡看旅遊美食節目！從節目中獲得什麼啟示呢？」

「喜歡異國風情的旅遊節目，看見風景、建築、街道、餐廳、美食，只是好奇有趣，喜歡那種異鄉流浪的新鮮感罷！十年來，經歷種種下廚料理經驗，不斷閱讀旅遊食譜書籍。旅遊節目中，廚師料理的片段畫面，短短幾秒鏡頭閃過，大概能掌握那道料理的關鍵重點。遇見主持人內行，問到關鍵，攝影師行家拍到重點，有些料理看過一次，大概知道如何烹調！只是火候調味細節技巧，需要時間摸索，能找到替代食材或香料，大概能掌握七八分類似。」

問：「那，你有想出國去流浪，到處烹調嗎？」

我：「想過，開一輛臥舖廚房餐車，走訪 Elizabeth David 筆下的村落市集和當地餐廳，如《South Wind Through the Kitchen》書中那些城鎮，逛市場買菜到餐廳走走，等

一週二週摸熟後，廣場野外擺張餐桌邀約路過旅人、在地居民廚師，吃吃喝喝，邊閱讀邊沉思寫食譜，邊走遊世界邊下廚分享滋味人生。如果有美食行家同行對話，更好！」

漫滋慢味在旅途中

跨進錄音室，韓良憶送我著作《餐桌上的四季》，我回贈《漫滋慢味 PASA 廚房》，兩人天南地北聊，她問：「我記得你年輕時，在廣告公司工作，也拍紀錄片，在電視臺工作，後來突然消失？怎麼回事呢？」

「朋友找幫忙，去臺東籌組培訓地方電視新聞人員！」

「聽說你看過精神科醫生，後來離開臺北？怎麼呢？」

「電視臺工作久了，每天追著新聞跑，覺得很虛無！久了，人也慌了！」

「工作壓力有那麼大嗎？你不是那種會被工作壓力打垮的人，應該有什麼事？讓你覺得非離開不可，讓你放棄一切，躲到鄉下去？」

我靜默許久，腦海浮現一片空白，沒有任何思緒，說：

「只是，想離開，換個環境，放空住一陣子！」

話講完，腦海陷入茫茫然，彷彿走在迷霧中，過去的記憶消失，許多人生事遇到、發生、結束，然後一片空白，沒有片段的懷念、印象、記憶，回頭看過去世界的霧茫茫，往前看的未來也是霧茫茫，連走過的腳印也無影無蹤。

「你怎麼當廚師呢？竟然還出書。友人告訴我，臺東有間很特別餐廳，值得品嚐，提到你的名字時，我的反應是怎麼可能！這個人，怎麼變成廚師呢？我知道，你做過很多事情，跑過很多地方，就是不下廚不聚餐，不談美食不逛餐廳，我無法想像，我所認識，過去的你怎麼轉換角色，變成現在的你？完全連不上來，徹徹底底是兩個世界，你是怎麼變成廚師呢？」

多年前四處旅行，隨著採訪人物和議題走訪各地，吃飯是填飽肚子，不會針對美食專程找吃，通常路過哪裡，就近找麵攤小吃，用餐再往下個旅程。工作跟餐飲無關，職場二十年對料理沒興趣，沒上餐飲課程，沒下廚學過什麼。人生很多轉折，往往一言難盡，變成記者四處採訪，也不是高中志向，至今還不清楚想要做什麼，爲何中年變成廚師，玩料理寫故事，全然是意外。

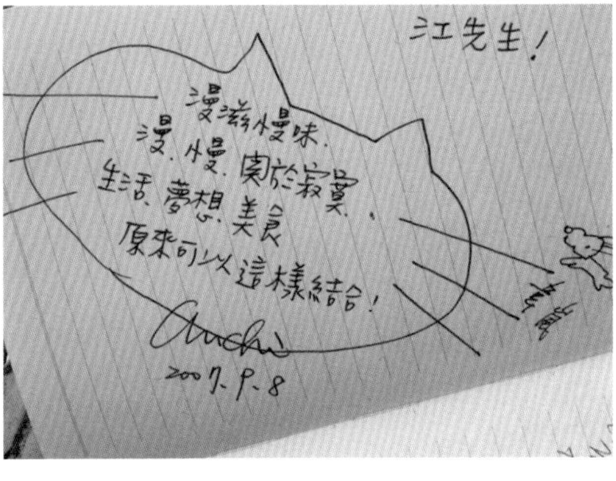

旅人感受的漫滋慢味哲學

三十多年前，常在電影資料館或試片場遇見，她屬於藝術型文青，大學畢業去國外唸書，學什麼不清楚，常在報紙副刊看見她寫散文筆記、異國料理和影評影展訊息，後來她失蹤一陣子，傳聞出國。旅居葡萄牙、瑞士、義大利、西班牙、摩洛哥，副刊文章常出現她的旅遊散文，敘述走遊各國生活片段，當地人文風土、市集樣態、認識在地朋友來往做客下廚趣事，文章裡彷彿三毛在異國世界漫遊，字裡行間流露異國鄉愁的疏離美感。

那段時間我忙著拍攝紀錄片，四處走訪臺灣鄉村，雖然沒出國，但是面對鄉村景觀，似乎是臺北之外的異國世界，陌生山谷田園海岸魚塭，彷彿走入另外未知的鄉愁世界。背著攝影機走在梨山陡峭山坡，氣喘吁吁追著果農腳步，穿梭蘋果樹下，偶爾蘋果撞到額頭，坐流籠飛越山谷，瞭望中央山脈高聳景致。回憶工作旅途，常常漫遊一生不曾走過的山徑，望著綿延山脈田園，沉思人生過往如山腳下往山頂蔓延的山徑，曲折艱辛穿越漫長歲月。

她何時變成料理人，似乎從她的人生旅遊地圖開始，從摩洛哥餐廳、到南法尼斯廚房、義大利老媽媽料理、西班牙酒館小菜、瑞士起司鍋，文章陸續發表在副刊雜誌。她漸漸成為美食圈名人，熟悉東西方名菜，常出國品嚐各地美食，偶爾定居異國數月半年，四處走訪鄉村食譜，沉浸美食世界三十年經驗。片片斷斷的印象拼奏她的故事，幾

篇文章提起永康街的料理教室和她的私房料理場景。多年前出書時，出版社企劃談起，在料理教室發表新書，順便做料理給大家品嚐，當時企劃建議的地點，就是永康街的料理教室。

重逢是偶然，網路臉書串來串去連結好友，訊息聯絡後，剛好北上，順便走訪電臺錄音。三十多年沒見，有些陌生，當年認識也不是常聚會的朋友，她見面，一句話拉近距離，說：

「你沒什麼變？我看過你的書，偶爾報紙網路看到你的文章和報導。你改行變成廚師，令我很訝異！」

「你的出色料理是如何構思？

跳脫食譜發掘新滋味

創意從哪裡來？」

訪談中不斷勾起回憶，從最近的豆腐番茄料理，到七八年前的即興料理。

「你從沒寫過美食報導，怎麼寫出食譜故事書呢？還寫創意料理！」「短短幾年，展現獨特料理風格，寫書談料理思想，怎麼發生？」

「我很想知道，到底是什麼力量，讓你變成廚師呢？」

彷彿家常聊天，持續錄音訪談，偶爾穿插過去往事，如唸書時期國際影展相遇，聊起昔日文青朋友趣事，記憶瞬間出現消失，跳回現實世界，談我當下人生和下廚料理。匆匆聊天一小時結束，告別後走出錄音室，她忙著錄音下一檔節目，她抱歉沒時間再多聊。走出電梯門口，馬路車流噪音迎面而來，立即被人潮淹沒在騎樓走道上，往日情懷的記憶隨即變成泡沫，消失在記憶深處。

節目中她細膩追問，從料理手法到人生旅途，追尋流浪遷徙故事。離開錄音室，我不知道節目聽眾能否理解，漂泊靈魂的料理滋味。回家途中，望著川流而過的車窗風景，想起百年來日本浪人廚師，修業後帶著廚刀流浪天涯的行徑，修業旅行是廚藝昇華的過程。如果我是廚師，流浪是宿命，出走是啓蒙，漫長旅途是滋味醞釀的季節。

那天，我在送她的書中題下「漫的滋味，在旅途中。」

意外的旅程
Unexpected Journey
The Living of My Farmhouse in Du-lan
我的都蘭農舍生活
江冠明
漫滋慢味
PASA廚房
讓生活隨著呼吸緩慢下來，
在烹調中安頓身心，
在發生與即將發生的過程中享受當下，
醞釀出漫滋慢味的生命節奏。

寫作是烹飪哲學起手式

探索生命意義的餐桌

一九九九年搬遷都蘭山林農舍，二〇〇四被趕再搬第二棟農舍，重新蓋涼亭客廳布置庭園，隔年親手琢磨木頭製作漂流木書桌，朋友帶酒來即興下廚，開始閱讀摸索廚藝，偶爾回請鄰居一起用餐，咖啡書桌蛻變成餐桌。

漂流木餐桌是樟樹頭，做茶桌沒人要，閒置木材場角落三四年，木商阿進看到煩說：「你要，半買半送賣你！幫你鑿去樹根縫裡石頭，免費載去製材所切片，載去你家，要切多厚你跟他們說，切片費用你付。」

挑二塊邊角歪斜當餐桌，斜角湊對可坐五、六人，不懂處理拿沙紙傻磨，後來借到震動手磨機、鏈鋸，憑藉國中木工課訓練邊做邊學，親自琢磨人生第一張書桌兼咖啡桌。書桌曲折歪斜不討人喜，坐在桌邊被凸出邊角頂到戳到，杯子沒放好會跌倒。修裁毛邊畸角勉強湊合，捨不得削去桌邊樹皮原生樣貌，保留粗糙自然凹凸痕跡，桌面裂紋隨它自由散開，磨平桌面上護木漆。客人增加座位不夠，鋪上一米半寬三米長強化玻璃，漂流木變成八到十二位大餐桌。

臺北設計師朋友喜歡粗獷原始木桌，常常帶朋友來喝咖啡觀賞庭園，從隨興小酌到即興下廚間，桀傲曲折餐桌變成美感話題，過於粗獷原始樣貌無法放在精緻品味的都會空間，只能流放荒野涼亭裡，呈現逍遙不羈的曲線。二〇〇五年單純做木桌，意外遇到樹根切片變書桌，從書桌發展成餐桌，二年後「一步一腳印」「瘋臺灣」陸續來採訪後，PASA私廚逐漸成為東海岸傳說，料理風格崇尚自然原味，餐書桌上一邊閱讀國際名家食譜書，一邊應對探索客人需求，烹飪手法慢慢演化蛻變成個人風格。

五年後遷徙都蘭海岸廚房，挑選三吋厚漂流木製

手作餐桌醞釀的料理風格

作主廚桌。八八風災後木商阿進：「這幾塊切開中間有洞，客人說不要，便宜賣你！」琢磨保留原色搭配颱風吹倒的白楊木幹，第二張十人餐桌出現。從布置天堂鳥雨林花園餐廳到製作餐桌，親手設計施工，PASA 廚房進入第二階段，繼續閱讀食譜書寫烹飪故事。二〇一一年出版《漫滋慢味 PASA 廚房》，敘述山林流浪廚師，創立漂泊廚房，經歷一場場隨遇餐聚，留下因緣際會的人生滋味，筆記下廚五年的料理思路。

回憶二〇〇七年，再度陷入中年恐慌情緒中，對人生感到虛無，不斷追問自己：

「生命是什麼？人生意義在哪裡？我在這裡做什麼？爲什麼？」

那股尋找人生意義的焦慮，不斷催促壓迫，一年一年進逼累積，越來越無法承受。十年後高中同學開著保時捷跑車來，餐酒後，他說：「跑車我有了，豪宅有，千萬手錶也有，但是，我找不到人生意義！」

他談起一生奮鬥努力故事，從瀕臨失敗中站起來，一波波競爭闖蕩自己的事業。臺北買豪宅居住，兒女長大獨立門戶，做自己想做的工作，差不多所有煩惱的事都安置好。突然間，他發現自己空了，彷彿過去奮鬥失去意義，開始懷疑一生努力的意義是什麼？

開建設公司的鄰居回來也這麼說，他回到熟悉的農地開墾種植果樹，每天清晨到果

園裡忙到天黑，回來倒頭就睡，隔天又出門繼續工作。也許亞歷山大面對自己征服的帝國，不斷往前進攻，從波斯到印度，有天站在荒野戰場，突然間閃過類似思緒！跟隨他遠征的希臘老兵，是否對戰爭感到恐慌？現在商場企業戰士，不斷拓展公司業務，某天夜深人靜愕然夢醒？

敘述徬徨出走，移民都蘭修繕農舍故事《意外的旅程》出書後，很多中年大叔來訪，常常問起：

「事業家庭房屋財產兒孫，我都有，卻感到茫茫然，找不到人生意義？」

「我羨慕你，自由自在，過自己想過的生活！你是怎麼做到？」

剛創立PASA廚房的餐桌

「突然對周圍一切感到陌生，連家人也淡淡疏離，說不出那種感覺？」

高中同學下車第一句話：「我想買塊地蓋農舍住！可以幫忙嗎？」

經歷中年事業忙碌後，愕然驚醒回顧一生旅途，似乎少了什麼？又說不出所以然的惶恐和不安！所謂「中年症候群」現象，空無思緒常常在我身邊發生，從青壯時期每每完成一件工作後，就會出現一種虛無感狀態，彷彿競賽後體力耗盡後的虛脫。拍完廣告片，走出片場突然被虛無淹沒；趕完一場新聞轉播，回家路上感到飄渺；寫完一篇論文，彷彿淘空一切的空虛；忙完饗宴歡樂後，收拾整理乾淨，一個人靜靜面對空蕩蕩廚房餐廳，彷彿墜入曲終人散的茫然。

多年後沉思，若二〇〇五年沒遇見那塊漂流木，意外琢磨二三週時間，一個月後用撿來漂流木當桌腳，沒有餐桌上發生的故事，也許二年後陷入虛無思緒後，可能遠離都蘭奔赴他鄉。臺北老友來訪驚喜破舊荒廢農舍，搭建涼亭廚房，手作餐書桌和香草庭園，他們看過農舍廢墟前後變化，一點一滴慢慢整理一年多，先蓋涼亭擺摺疊會議桌大同鐵椅，克難將就下廚上菜。朋友鼓勵邊玩烹飪邊看書。沒想到那張漂流木桌上餐宴，讓我駐足下來，後來餐桌漂流遷徙到海邊，多年來老友旅人餐聚笑談，漂流木桌彷彿聖堂饗宴，開示人生滋味。

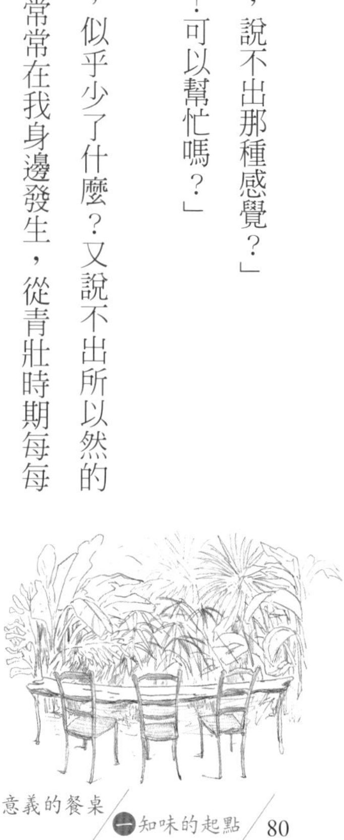

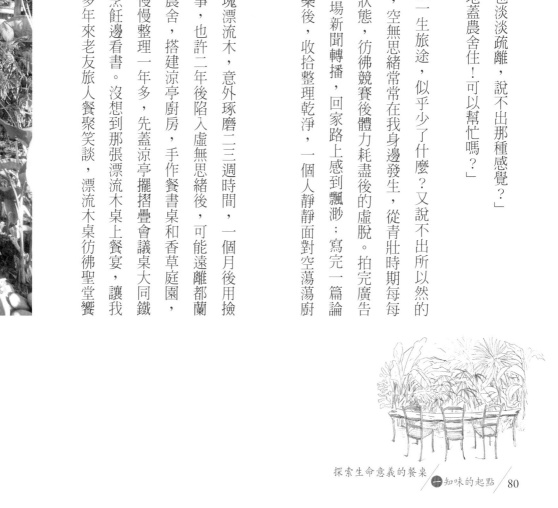

遷徙海岸新涼亭料理風格再蛻變

在原味辯證中沉思

隱居山林中，有朋遠方來，沒時間壓力，清晨醒來備料，升火啓爐燻烤，一切慢慢來。無意中發現慢火趣味，從香菇洋菇、蘆筍茭白筍、大頭菜豆薯到豬腳大骨肉，不斷測試慢火燻烤。慢慢觀察炭火炙燜燻烤的變化，漸漸發掘火候粹取食物的滋味，烹調手法越簡單，火候奧祕越深刻，慢火燻烤讓菇保留鮮甜水分，杏苞菇、洋菇、香菇的滋味各自不同。

行家問：

「怎麼有這麼鮮甜味道？你加了什麼？」

答：「那是菇的原味，沒加任何東西，只是慢火烤過。」

問：「爲何？從來沒吃過這樣味道呢？」

答：「菇的自然甜味非常纖細，如果用油大火炒加醬汁，菇的原味就不見。」

二〇一二年，受邀世貿臺灣美食展，主辦單位派遣三位名廚南下指導，他們吃菇時，滿臉驚奇：

「你用什麼醬汁醃？菇怎麼有這種甜味？」

他們不相信我的說法，三位大廚用懷疑眼神望著我。當學徒學習料理，師傅怎麼教，食譜怎麼寫，跟著學，大廚們一生學習料理，不斷跟師傅前輩學習，跟名家食譜學做。沒人注意食物原味，連他們師傅的師傅也沒想過，沒注意原味是至上鮮味。

在山居歲月生活中，自己亂摸索亂試探，隨興下廚。天性不喜歡拘束，思想些許叛逆，做事自由自在，無意中發現慢火烤菇的鮮甜原味，發現食物的原始滋味。

三位廚師品嚐片刻後，一位大廚說：

「我怎麼不知道，菇有鮮甜美味！爲何沒人告訴我？」

他們提問追問、彼此交談中，我才恍然大悟，沒拜師學藝，沒制式料理的門派框架，在離經叛道碰撞中，意外發現菇的原味。翻遍中菜食譜，沒看到原味烤菇食譜。日式松茸料理中，廚師用紙或鋁箔紙輕輕包住松茸，清酒少許鹽調味，小心翼翼在炭火上微烤，呈現烤松茸的自然滋味。

中西廚各種炒菇美食節目偏重調味作法，沒人發掘烤菇的原始滋味。我的烤菇法，把菇放在陶爐低溫慢火燜燻烤，讓菇慢慢煨熟，讓菇微微萎縮卻飽含菇汁在裡面，不加任何調味，連鹽也不加，沒看過食譜記載這種烤菇做法。自學閱讀書籍，探索日本懷石料理精神，從京都豆腐家常菜、料亭精緻料理、到廟宇懷石素食，這些樸實滋味中，隱藏多層次原味文化，是經年累月發展出來烹飪哲學，隱約感覺料理跟佛家禪宗修行那樣，明心見性呈現食物眞性。

嘗試大頭菜整顆帶皮烤五分熟，冷藏冰涼再去皮切片，散發清香甘甜脆口滋味，佐以清燙蘆筍、甜豆，再搭配魚肉主菜，客問：「這是什麼水梨，怎麼沒吃過？」

懂滋味問：「你怎麼知道烤五分熟，冰鎮冷吃？」

等候客人時，看見大頭菜在一旁，慢火烤烤看，帶皮烤阻止水分蒸發烤乾。幾次試烤，三分熟、五分熟、七分到全熟，發現滋味口感層次不同，運用在不同菜色中。五六分熟軟厚切半公分放在魚肉主菜下，當墊菜佐魚肉和醬汁，一口肉一口蔬菜，或肉和蔬菜一起咀嚼，滋味層次更豐富。三四分熟脆甜切薄片，適合搭配沙拉，混搭片切小番茄、小黃瓜、蘆筍、甜豆、羅蔓生菜等，淋上現榨葡萄柚汁、柳橙汁、清淡蘋果醋或日本蔬果醋拌勻，也可灑上擣碎烤核桃、腰果、花生等乾果，或灑上現磨乾酪碎片，隨興創造不同層次的爽脆甜口感的沙拉滋味。

曾經推出五分熟半透明的大頭菜片，燙七分熟甜豆蘆筍，冷藏現切的微烤過三四分熟豆薯片，搭配炭火燻烤三小時的豬腳，上菜時提醒，隨興一口肉一口蔬菜，形成「肉VS蔬菜」的即興變奏曲。

客問：「爲何不搭配德式酸菜、黃芥末醬？」

行家：「嚐到蔬菜自然鮮甜，一口肉一口蔬菜搭，滋味更鮮明。」

饕客：「沒見過如此大膽手法，沒調味直接把蔬菜鮮甜表現出來。」

廚師：「怎麼掌控火候，不會煮過頭或不足，跟誰學？」

美食家：「你，這麼自信，胡椒鹽醬汁都沒有，直接上菜？」

當時，怎麼想，怎麼做，帶著率性而爲趣味，下廚手法大膽率直，事先每個步驟過程，細心推敲讓每個食材如何滋味到味，彼此間是否搭配？出菜時，遇到來自東南西北各地客人，從小吃店師傅、連鎖品牌餐廳經理，到師承名門老師傅，或饕客行家，常常以懷疑眼神追問：

「師承何處？您的師傅是誰？」

一位頭髮全白老太太悄悄問，當時忙著出餐說：「我沒拜師。」

炭火燻烤摸索原味哲學

用餐後，她非常客氣走近再問：「我是廚師也開餐廳，一般廚師是調味入門，看你手法是火候入門，火候入門廚師很少，你對火候運用很好，很想知道師承何處？」

坦白告知山林廚房故事後，她有點失望望著我，落寞走開，以爲我不願意告訴她，也許她在我的烹飪中，看見某些熟悉友人身影。她靜靜等候，再次走到我面前謙虛神情，讓我難忘，她轉身離開的失落背影一直留在我心中，年紀七旬廚師心中惦記的盼望是什麼？

隱居山林，人生歸零，生活平淡，做事做菜，沒有人情世故迂迴曲折，討厭擺盤裝飾的繁文縟節，跟食材不搭無關的全部拿掉，滋味不對也去除。那種堅持有些麻煩辛苦，總是有人說加什麼比較好，加那個好看，常常反過來問：

「你覺得哪些裝飾，好吃嗎？」

下廚前，對美食餐館沒興趣，對各地名菜不瞭解，看書知道京浙陝湘川揚閩粵等中國各路菜系，旅遊頻道播放一閃而過的印象。下廚後，沒動念拜師學藝，不想學中式各地菜餚的奧祕，更不知道日式、西式料理深厚的傳承學問。看書翻來翻去跳躍閱讀，隨興讀哪幾頁，無趣跳過不看，有趣多讀幾遍，推敲裡面有什麼可學，最後把喜歡、知道的烹調方法，混合運用。遇到設備食材不足，缺這設備改那個，沒這個用那

個，習慣隨機應變，在有限狀況下即興發揮，這是下廚自學過程，自己摸索自己玩，漸漸玩出個人風格。

忘了多久，十年、二十年沒碰鳳梨蝦球、糖醋排骨、糖醋魚等調味菜色，童年覺得好吃，成年後覺得酸甜味太膩太重，魚肉過於乾澀乏味，也許廚師沒處理好，油炸過頭，吃不出魚肉滋味。中年下廚後，幾乎不碰糖醋類料理，烹調不加糖，覺得甜是虛假滋味，加糖後，食材裡鮮甜味就被埋沒。

沒有冰箱年代裡，一條鮮魚很難從早上放到晚上，遇到熱天容易腐敗散發魚腥，早上買魚，立即去鱗去臟下油鍋炸過，保持魚肉新鮮，出菜時勾芡糖醋淋在魚上。猜想沙鍋魚頭，類似情境的料理，魚頭炸過放到晚上煮湯，不成問題，油炸能去除魚腥味保持肉質鮮度，增加魚頭骨髓湯汁風味，燉煮後更能凸顯魚頭眼頰膠質邊肉滋味。

山林歲月多年後，生活越來越素樸，簡單煮碗麵，幾片肉加剛摘蔬菜野菜，樸實湯麵裡感受肉、蔬菜、麵的原始滋味，經歷貧窮生活的烹調磨練，獲得滋味的啓示。曾經偏愛泰國香茅南洋咖哩等香料，後來捨棄不用，動念思考減去調味，慢火燜煮烤燻摸索各種食材滋味，終於發現「減法料理」的奧義。

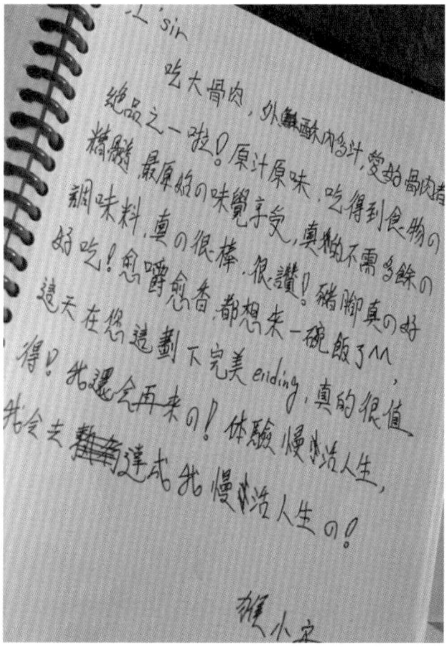

原味燻烤的旅人感言

十年後雜誌記者來訪，一邊拍攝一邊採訪，敘述山林涼亭思索的烹飪理念，出刊時，「2535」雜誌主編以「減法料理」爲主標題，刊出六頁專題報導，一邊介紹料理哲學和食譜觀念，一邊記錄做菜時的講解步驟。在記者描寫的文字間，當時即興敘述的料理物語，如禪師開宗明示的滋味哲學。青春期曾迷戀希臘哲學，也喜歡閱讀尼采、齊克果、海德格、卡繆、沙特、威爾杜蘭、史賓格勒等思想論述，讓我從人生閱歷到烹調滋味產生辯證思想，逐漸醞釀個人的料理風格。

山林孤獨玩料理，一連串摸索中，沉思食物滋味結構，想像不同滋味狀態，從烹調解構中找出食物本質元素，重新建構滋味層次美感。「壹週刊」美食旅遊記者，對流浪特別感興趣，採訪後，把料理焦點放在人生旅途，主標題是「浪人廚師」，仔細回想，下廚是流浪，思維是流浪，用餐涼亭是流浪空間，當下也是浪人情境。那天突然想起日本電影，何種情節忘了，主角是高倉健或他人，電影結尾，廚師用布包好廚刀，塞進胸懷和服裡，邁向細雪紛飛的屋外，走向遠遠的山林田野，淡淡足跡消失。

也許食譜流傳演變，如人生流浪天涯海角的追尋。

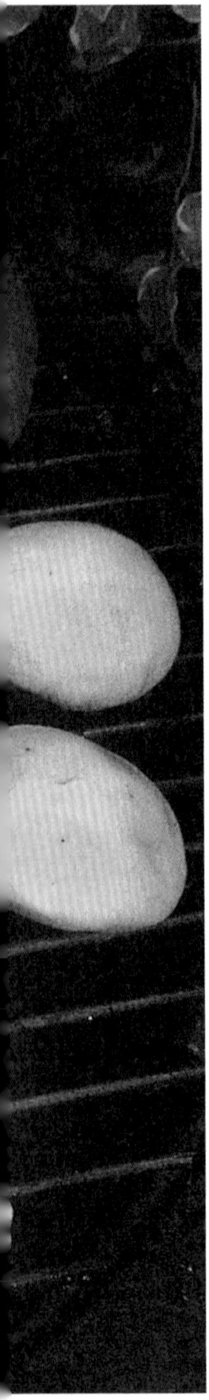

烤菇呈現極簡風味

第二篇 歸零的原味

窮途末路黑咖啡

初遇見荒煙蔓草包圍的農舍，穿過腐朽的鐵捲門，仰望屋頂殘破屋瓦看見破碎的天空，心念一動在破舊農舍住下，讓人生歸零，面對殘缺虛無荒屋，體驗山窮水盡的苦澀，讓生命思緒在煎熬中更細膩，讓感覺味蕾在平淡中更敏銳。

烈日下，整理庭園農舍墾荒砍草，霉臭氣味中刷洗屋牆油漆，動手釘書櫃餐桌，汗水滴落疲累困倦。遙想青春歲月遠走中央山脈，遇見泰雅族婚禮饗宴，餐桌上竹筒米酒杯香氣，是廉價紅標米酒遇見自然綠竹杯的驚喜。墾荒中，鋸一節綠竹筒，挖孔倒入米酒，留一支綠竹枝當掛耳，吊在樹幹擺盪，工作之餘喝水時，小酌一口提神恢復體力，繼續揮汗勞動，品嚐自然儉樸的人生滋味。

半夜巡邏警車路過荒山野徑，看見我還在工作，進來探問。一個世紀來，千里迢迢躲藏臺東山區，都有窮途末路的苦衷，逃難、逃債、逃兵、逃獄、逃避江湖恩怨，山林墾荒者伴隨黑暗神祕故事。臺東著名廟會炸寒單，聽說是落難神，漂泊來臺東，贖罪自罰而意外成仙，沒想到成爲臺東名神，與臺灣民俗慶典「東港燒王船」、「鹽水蜂炮」齊名。路過員警們，一杯咖啡後變成朋友，沒糖沒奶精，教他們品嚐苦黑咖啡，小口酌飲咖啡苦盡甘來的滋味。每次換新主管，管區帶來探視，向長官敘述黑咖啡滋味，日夜巡邏路過，總會「叭」一聲而過，偶爾碰巧站在庭院，揮揮手再見，或下車喝杯咖啡，路過鄰居或登山旅人歇息片刻聊聊。一杯黑咖啡啓示，淡淡苦盡甘來的滋味，蔓延在山林小路上。

二〇〇五年朋友送我陶製EGG烤爐，關於陶瓷EGG爐，傳聞起源於日本，把米飯菜餚堆疊在陶甕裡加蓋，放進爐中小火中燜熟，早上出門傍晚回來取出就可用餐，這是鄉村農民料理烹飪爐具。二戰後美國重新改造成直徑五十公分高七十公分的陶瓷爐，在美國俗稱EGG爐。

當時對烤爐特性不熟悉，沒附贈食譜沒使用說明書，曾經用它烤麵包差點燒裂，

EGG烤爐磨練十年領悟滋味

才發現該爐是低溫烤爐，不適合烤麵包披薩。後來嘗試烤肉、烤蔬菜研發料理滋味，燻烤菇類、南瓜、蘆筍、肋排、豬腳、燻肉、明蝦、魚頭、透抽等等，摸索將近十年才逐漸瞭解爐的火候特性。

十年慢火燻烤燉煮，摸索鑄鐵鍋陶鍋塔及鍋燉鍋炭烤爐電烤箱，思考食物滋味變化，拆解食譜結構祕密，尋找烹飪哲學啓示。閱讀大師名廚書籍時，感受格外深刻，如Elizabeth David 的《地中海料理》、《南風吹過廚房》、Gary Paul Nabhan 的《香料漂流記》、Marianne Boileve 的《普羅旺斯季節料理》、Michael Ruhlman《Ruhlman's How to Roast》、Julia Child 的《茱莉雅的私房廚藝書》、Michael Pollan《烹 Cooked》、Jamie Oliver《歐非食物漫遊》、《來吃義大利》等系列叢書等，還有經典書籍《How to Eataly》、World Kitchen 系列《SPAIN》等等。一本一本隨興閱讀，挑選喜歡的篇章，欣賞書中敘述奧妙滋味，沉思烹飪手法，逆向思考食譜步驟，爲何順序如此進行？爲何挑選那些材料？如果順序和方法改變？如果沒那樣食材有沒有替代方式？

也許拆解和反向思考，有些叛逆，如此造反，漸漸在另類思維中，發現創意觀念，譬如煮魚加蔥薑蒜去腥，反問：

「不加可以嗎？」

「如何加？爲何不加呢？」

「薑何時下？煮多久？薑味如何？」

「蔥下，多久起鍋？蔥味原在？」

到市場挑選鮮魚，煮魚湯不放蔥薑蒜，朋友驚訝魚湯鮮美，沒有蔥薑味壓抑魚湯的辛嗆氣息。魚骨熱水燙洗過，小火慢煮燉熬出滋味，湯出味去骨過濾後微滾時，魚肉切塊片下灑點鹽花，拿捏魚肉厚度，八分熟透熄火，靜置魚湯三分鐘，等湯煲熟魚肉，裝碗品嚐。

多年沉思烹飪意義，不停追尋滋味啓示。也許中年貧窮失意、流落山林的人生逆境，轉化成烹飪創意動力。經歷窮途末路翻牆出走際遇，一鼓作氣往前狂奔荒野，披荊斬棘尋找人生路，勾勒「浪人廚師」的素寫草樣，荒野蠻撞的料理風格，確實散發「窮途末路」的人生滋味。二〇〇九年推出「原味烤肋排」、「原味烤大骨肉」，原味慢火燻烤各式蔬菜魚肉，運用不同爐灶器具來燻、燜、烤、煮、燉、煎，尋找各種食材的原始滋味。沒學廚藝，沒名門大師受教訓練的規矩，沒餐廳料理慣常手法的束縛，更沒有師傅名家傳承祕訣的框架，經年累月習慣荒野生活，烹調思維漸漸呈現自由來去跨越大地的思想。

孤獨是自由啟蒙的過程

在山林廚房磨練自創一招半式，慢慢開竅鍛鍊出一套「三招二式」的廚藝風格，從「原味料理」進展到「原味調味」，發展出「減法料理」、「即興變奏」等手法，逐漸掌握料理趣味，瞭解烹飪的意義。

一位考古學者路過，買廉價羊排、廉價紅酒、二手炭爐，兩人窩在農舍騎樓下，屋外下著綿綿密密的冬雨，炭火微微烘熱疲憊的旅人。簡單拿碗，裝紅酒喝也浸泡羊排，十分鐘後慢慢烤二三片，各自淺酌一口紅酒，邊喝邊吃邊烤邊浸，忘了兩人交談什麼？破舊農舍屋簷下，兩個中年大叔窩在牆邊，圍著小炭爐，烤肉喝酒驅寒，那股暖暖溫馨的記憶，二十年後，學者劉益昌突然從歐洲傳來簡短訊息：「我在維也納開會，很想念那天的羊排，等我回去，再去找你！」行走旅途偶然擦身相遇，寒風冬雨屋簷下，一爐、一酒、一碗羊肉隨興而歡，難忘人生滋味莫過如此。

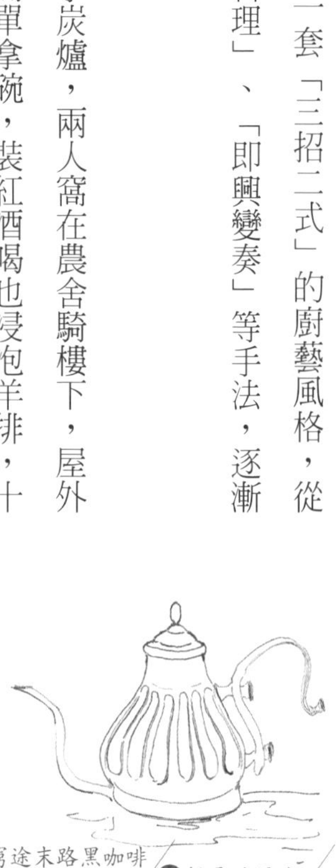

一九九九年遷入第一棟農舍

韓國泡菜百香果探戈

克難涼亭的簡易廚房，遇到刮風下雨，瓦斯爐火搖曳無法控制，風雨紛飛淋到餐桌客人，往返奔跑農舍與涼亭間，不僅人被雨水淋濕，還擔心菜餚被雨淋。二〇〇九年決定，廚房從荒山野地的山中涼亭，遷徙到都蘭灣海岸邊，新設計的海岸廚房設計ㄇ字形牆面，烹飪時不用擔心風雨，屋簷往外延伸到花園水池，風雨落在涼亭外熱帶美人蕉和屋旁水池中，成爲餐廳外的自然雨景。

冰箱規劃在廚房角落，隨手拿取食材方便，主廚桌夠大適合切菜備料，配置瓦斯爐臺加雙洗水槽和工作臺排成一列，洗切煮炒工作動線流暢自在。經歷過克難廚房，體驗艱辛烹飪經驗，多年後回憶，反而珍惜那段歲月的苦澀美感，怎麼如此克難下廚，發展出驚喜意外的料理。人的流浪，隨著農舍流轉，涼亭隨著搬遷流浪，一間翻修再造一間，回收舊料蓋新涼亭廚房，流浪廚師滋味非常自在，漸漸的，自由心情呈現在料理中。

十年前，文創人臨時說：「我想吃沙拉！可以來一份嗎？」

即興將蘋果、水梨去皮切塊，拌碎切韓國泡菜，客人讚賞連要三盤。

在座美食家說：「沒想到，韓國泡菜的嗆辣酸，裹在蘋果水梨塊外，咬下時清爽水梨汁，或酸甜蘋果汁，剎那間突然冒出，沖淡泡菜的辣酸，產生強烈對比滋味口感，一口蘋果一口水梨交錯，產生不同滋味的對比口感，令人驚奇。這道料理簡單俐落，創造令人驚喜的滋味。確實厲害，想出如此傑出滋味的混搭手法，卻如此簡單輕鬆做，又在即興狀況立即出菜，佩服！」

那天，若沒「想吃沙拉！」這句話，若沒美食饕客的要求，碰巧，廚房冰箱沒萵

世貿美食展首次被強迫戴高帽穿廚師服

苣、蘆筍、紅蘿蔔、小玉米等沙拉菜類，連小黃瓜、西洋芹、羅蔓生菜都沒，只剩下半罐韓國進口泡菜，二顆蘋果、水梨，勉強拼湊去皮切塊，擠入一顆檸檬汁，即興碎切韓國泡菜白菜，混搭拌入蘋果、水梨中，簡單用小方盤，裝盛六七塊蘋果、水梨，直接上桌，起因是意外，構思是隨興，卻創造一道讓人讚賞的驚喜滋味。

學學文創創辦人：「有趣!可以來我們的料理教室來上課嗎?我請祕書跟你連絡!」

幾個月後出現「升級版」，增加奇異果、葡萄柚肉、白柚、哈密瓜、棗子、脆桃等當令水果，果片果塊隨意堆疊，增加不同酸甜風味；隨興揮灑淋拌檸檬汁、柳橙汁、葡萄柚汁，讓水果片塊交錯沾拌不同果汁，產生多層次水果酸甜風味，讓滋味在味蕾間奔馳跳躍。一年後「進階版」擺上肉片，松阪肉烤好用銳利廚刀，壓刀片切三公分寬，片切斷筋產生脆彈口感。肉片上灑葡萄柚汁和百香果汁粒，泡菜淡出盤中，變成盤邊點綴，讓客人隨意蘸用搭配，最後泡菜消失。

文青感言：「那酸甜辣滋味合一，腦中浮現奇妙旋律。」

老饕讚嘆：「肉片上灑百香果汁?沒看過這樣法?」

大廚追問：「沒人這樣做，沒有食譜提到?怎麼想到呢?」

法國饕客：「Amazing! Fantastic! How can you creat this?」

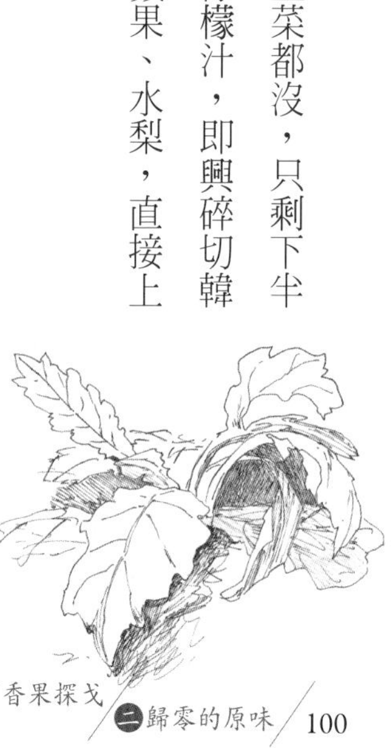

料理如變奏曲，從一段簡單的旋律，不斷變換曲式風格，如奏鳴曲式轉華爾滋、轉吉力巴、轉騷沙舞、恰恰、探戈、爵士，融入不同節奏趣味，讓一首旋律從水果片即興揮灑果汁，水梨沾葡萄柚汁，蘋果附著檸檬汁，交錯滴落的柳橙汁，時而揮灑的葡萄柚石榴果粒，讓每個水果片塊附著不同果汁或多或少，讓每片每口咬下蘋果、水梨產生滋味變化。運用滾刀法，切出角塊果片，創造厚薄不一的變化，咬下剎那，水果滋味與沾附果汁產生不同比例的對話，各種酸甜滋味即興混搭，忽梨忽蘋果、哈密瓜、棗子間味蕾跳躍，如爵士樂變奏薩克斯風、黑管、喇叭、提琴來回呼應，幻化成酸甜狂想曲。當你注視品嚐者咬下果塊的表情，彷彿自己是音樂魔

隨季節變化的百香果松坂肉沙拉

法師，讓滋味音符飛揚空中，讓味蕾沉醉在旋律中。

我已忘記，何時把肉片加進水果沙拉裡，何時把酸辣泡菜拿掉，何時添加百香果。當你遇見一無所有，運用手上僅有的食材，去變化運用，累積長年經驗後，習慣也喜歡這種變通手法。

那種酸甜苦甘的變化，像羅蔓生菜那樣，在微微苦澀後，蔬菜爽脆清甜更明顯，若沒有苦澀的對比，酸甜鹹辣苦甘之間的變化，不會如此令人驚喜，沒有流浪的閱歷，沒有走過風雨路，人生滋味會很單調！

二〇一二年策展團隊在娜路彎酒店，徵選世貿臺灣美食展時，推出三十份松阪肉水果沙拉餐車，剛擺好離開大廳，助手從後面追上喊說：「老師，我們的沙拉被搶光！」不到五分鐘被現場來賓、記者和評審拿完，餐車架上空蕩蕩。

多年後閱讀辰巳芳子《生命與味覺》書中66頁，提起如何蒸當季蔬菜的美味經驗，她說：「爲了磨練感應力，特別建議住在都會的人下廚，如身旁有庭院或農田，平日裡經常與自然接觸，就能感受風土的變化和季節的變遷。但如果沒有這樣條件，最好的辦法就是下廚，選擇當令、自然的蔬菜，貝類和魚會隨著季節變化。」

烹飪手法簡單到小孩都能上手

黑格爾苦甘野菜美學

朋友遠道來訪，下廚燉湯燻肉切菜，某天獨自在涼亭裡備料，突然領悟「食髓知味」詞義，開竅感觸源源不絕，從日常生活烹飪感受，昇華成啓蒙思緒，再轉化成料理思想。想起烹飪的成語典故，重新拆解詞彙思考隱藏的語意，尋找美感思想的趣味。那天想到「庖丁解牛」，語詞典故講切肉解骨的微妙刀法，爲何不用切、割、片、剁、剖等詞彙？「解」字，用得巧妙貼切，似乎把庖丁神乎其技的刀法，揮刀切肉的姿態都形容出來，「解」字輕描淡寫刀法揮灑的微妙美感。後來下廚烹飪，常常思索「解字訣」，去摸索肉片厚薄切法、紋路肌理刀工、搭配煎煮炒燜燉烤的烹調手法，一個「解」字訣有如孫悟空的筋斗雲，一翻三千里的奔滾思考。那段時光隱居山林，切菜片肉練功，確實沒去拜師學藝，連當廚師改行的念頭也沒有，純粹自己摸索自己玩，朋友帶酒來聚聚，下廚玩料理，邊酌邊烹煮烤燉，些許微醺些許烹飪靈感，慢慢領悟「出味・入味」的滋味意境。

習慣把廚房餐桌當書桌看書，思考食譜食材與步驟，如果沒這個，改用那個取代，是這步驟先做？還是那個先？先後的差別在哪裡？再進一步，推敲燉、煮、燜之間差別在哪裡？烤、煎、炸又有何不同呢？橄欖油、椰子油、葡萄子油、豬油、牛油、奶油的差異在哪裡？常常思考，如何拆解食譜結構的奧祕，從食材切片、削滾刀法，到尋找烹調過程的關鍵灼力點，炒菜鍋、平底鍋、煎臺、鑄鐵鍋、荷蘭鍋、摩洛哥鍋的烹煮特性在哪裡？沉思更好的方法！想像超越食譜設定的滋味？創新不是憑空想像，需要找出烹飪結構，進行解構再建構的過程，有時候顛覆、反叛往往創造另類滋味美感。食譜跟人生旅途類似，經過不斷拆解、組合，在迷失混亂的人生世界中，追尋生命意義的過程，思考滋味的可能性是另類人生的抉擇？

食譜記載，是記錄當時料理方式，不同時代有不同詮釋，呈現的滋味也不同，每個時代每個族群各有不同飲食文化，用不同文字紀錄食譜方法。在歷史進化過程中，從波斯帝國宮廷食譜，羅馬、埃及、蒙兀兒王朝、東羅馬帝國、奧圖曼帝國、奧匈帝國、法國路易王朝等等皇宮料理，一直到東方的唐朝洛陽、南宋杭州、元朝泉州、明代揚州、清朝北京、日本京都、明治洋食，這些食譜有些轉化成民間料理，成為民族風格料理。

二戰後，大英帝國在香港留下下午茶文化，如茶餐廳的奶茶波羅包等茶點，港式餐廳流傳許多 Fusion 融合食譜，如用刀叉搭盤裝中式蛋麵加西式香腸培根火腿肉片湯麵。港式飲茶文化中，留下混血風格的茶點心，從咖哩餃、燒賣、到融合南洋甜點風味，加上椰奶椰糖和咖哩香料，呈現南亞香料融合料理。法國隨著北非、亞洲移民，巴黎出現摩洛哥、越南、印度等餐館，戰爭過後，全世界出現各種移民風味食物的融合思潮。

一九六〇年代法國藍帶廚藝學校興起，加上米其林評鑑推廣，法式廚藝引領世界美食風潮。一九七〇年間法國「新料理」(Nouvelle Cuisine) 崛起，在法國鄉村勃艮地、普羅旺斯、尼斯跟著出現「混血新料理」。新世代菁英廚師結合地方食材和新觀念，論述新料理風潮，如何創造新食物滋味，成爲廚師展現思想的創作領域。美食評論家開始論述新美食哲學，隨後菁英廚師動筆寫書敘述食譜與滋味的故事，從地方料理、慶典餐宴、烹飪筆記、超越食譜到樸實滋味，他們從不同角度從實證經驗，論述烹飪思想。

喬艾亞・侯布松（Joël Robuchon）的《現代料理與地方料理》。

羅傑・佛吉（Roger Vergé）的《我的陽光料理》、《我家磨坊的慶典》。

遠在奧布拉克高原（L' Aubrac），只用拉奇歐傳統小刀做菜的米歇・柏哈（Michel Bras）的《米歇・柏哈的筆記》。

嚴守里昂料理手法和食材的亞倫・夏斐（Alain Chapel）著作《料理，遠遠超出食譜》，他後來以外交大使，進駐日本、巴伐利亞、斯德哥爾摩、紐約、達拉斯等地。艾倫・杜卡斯（Alain Ducases）以精準味覺能力超越原味創造風格，著作《艾倫・杜卡斯的蔚藍海岸》、《地中海，樸實的料理》。

一九九〇年前後，世界各國受到法國新料理啓發，出現「魁北克新料理」、「日本新料理」、「澳洲新料理」、「加州新料理」、「德國新料理」等。二十世紀末，New Asia Cuisine 在新加坡、洛杉磯、加州、澳洲等地出現，Fusion 融合料理思潮將日本、中國、越南、泰國、印尼、印度等傳統料理，結合分子料理、法式廚藝，以跨文化新美食呈現。二〇一〇年後米其林評鑑，逐漸走出法國料理帝國思想，開始出現料理民主自由化的審美觀，香港烤鵝燻雞到臺灣包子蒸餃小吃、日本壽司拉麵都陸續登上米其林美食推薦行列。

回顧過往今來，每個帝國都會在全盛時期留下美食料理紀錄，從奢華宮殿到沙漠帳棚，到戰場慶功饗宴，都會產生令人歡欣的佳餚，也產生文化融合的新料理。大航海時代，葡萄牙人在印度

野菜採集是人類飲食文化的起源

果亞、澳門留下食譜，荷蘭人留在巴達維亞城料理和臺灣番茄蔬菜料理，今天，全世界各大都會的形形色色餐廳菜單，都留下異國文化混搭的食譜痕跡。

如果把食譜變遷的思維放在臺灣食材和食譜，可以激發什麼創意？

曾經將三、五種野菜混搭川燙，淋上清淡日本昆布醬油，品嚐野菜的原味，這是野菜版「原味調味」。採集野菜是花東阿美族的最愛，帶苦澀滋味，一般人難以接受，阿美族人偏愛野菜苦澀味。旅途中，常遇見阿美族野菜湯，也許加肉、骨燉煮，或野生蝸牛，煮成雜燴野菜湯，湯的苦甘令人驚喜懷念。突發異想，把三五種野菜去梗取葉，煮一大鍋水沸騰後，混合野菜葉快速川燙二十秒離水，綜合混搭三五種的野菜產生獨特苦甘味，這是原味調味的意念，讓多樣野菜多層次的苦、澀、甘，混合成黑格爾式辯證苦甘美學。

凝視餐桌上野菜，想像歐洲森林、草原、山谷流浪千年的吉普賽人，類似跟阿美族一樣，懂得採集河畔山谷樹林裡野菜的根莖葉，創造吉普賽人的野菜鍋食譜。花東海岸山脈上紅瓦片考古遺址，顯示史前人類懂得燒陶煮湯、煮肉之後，產生採集野菜根莖類、豆穀一起烹煮經驗傳承，慢慢醞釀地方美食文化，延續到今天東海岸阿美族部落裡。都蘭村阿美族日本老兵李光輝，經歷二戰結束後，他沒投降，繼續在南太平洋島嶼獨立生

存四十年，他憑藉數千年來族人採集野菜根莖知識，讓他在南太平洋島嶼熱帶雨林裡存活。野菜採集文化是人類非常可貴的生活智慧，保存在每個民族記憶，從史前時代到今天叢林土著民族都留下野菜採集文化。至今臺東、花蓮的晨昏市場，到花東各鄉鎮小市集，每天依然有阿美族阿姨販賣各種野菜，在地漢人也習慣買野菜回家烹飪。

阿美族野菜食譜能成爲臺灣美食新風貌？「野菜料理」怎麼展現苦甘美感新滋味？如何從水煮加鹽烹煮古法，拆解傳統烹飪結構，組合新食材重新建構新料理？

二〇〇四年東海岸風景管理處邀請規劃，推動社區營造計畫，涵蓋創意手工藝、在地導覽、野菜美食，野菜烹飪融合漢人炒煮炸方法，發展出另類在地美食文化。幾位農村「田

青醬融合茴香九層塔蒜和野菜

媽媽」家政班出身的都蘭家庭主婦，參與研討時做出精緻野菜料理，讓臺東旅館酒店的行政主廚驚訝，野菜風味如此迷人。後來幾位都蘭大姊、大哥合作，在村落旁邊創立阿美族野菜體驗餐廳「都蘭達魯岸」，臺東市區出現原住民創意料理餐廳「米巴奈」持續研發創意料理，連創業二十多年焢烤雞店「大老二」也有隱藏樸實版野菜料理，野菜文化融入臺東在地美食，連富岡海鮮餐廳也有炒野菜料理，這些原漢融合食譜一直延續到現在。在秀姑巒溪口「陶甕百合春天」，創店時推出結合魚乾芋頭飯團，阿美族主廚陳耀忠運用總舖師辦桌中式廚藝，融合阿美族野菜食材，創造驚艷另類原住民美食，後來他吸收臺北西廚料理知識，再次改造進化。

三十年前臺東市郊太平山上，俗稱「大巴六九」的半山腰，外地來修心漢人，突然異想天開賣起野菜火鍋餐。他準備幾個麵攤圓形大湯鍋和竹杓，野菜一盆盆擺餐桌上，標示野菜名稱，燙煮十五、二十秒，準備豬肉片、火鍋料、麵條、米粉和醬料，讓客人自取自煮自用。養生飲食風氣興起，「大巴六九」成爲野菜特色餐廳。後來初鹿「原生植物園區」將野菜火鍋發揚光大，還設立野菜觀賞園，野菜中藥湯茶飲和食品，園裡各處告示牌上註明中藥療效，結合中醫藥草知識。

野菜青醬實驗，是直覺反應，從茴香炒培根、茴香炒羊肉片領悟，改用茴香野菜泥醃羊排、魚肉，將醃製羊排剩餘青醬泥，拿來煮魚蝦、炒菜。隨興聯想「中文字『鮮』不

是『魚』＋『羊』」從微妙處領悟，展開一連串狂想變奏曲，青醬泥如何運用變成有趣的創意考題。

茴香青醬是變奏插曲，是不想做紅酒羊排，換別的方式試試，拿茴香洋蔥九層塔大蒜打泥的茴香青醬冷醃羊排一夜，隔天慢火燜烤，讓朋友嚐過驚喜拍手。熟悉西餐客說：「沒橄欖油、松子，不是歐洲青醬做法，風味蠻獨特，怎麼想出來？」後來延伸出青醬醃魚燻烤。五、六年後，野菜青醬＋薄荷、百里香、刺茴香等新鮮香草泥，恰恰變奏玩出青醬加蘋果醋或紅酒醋＋醬油＋柳橙葡萄柚汁微煮當蘸醬。

拿醃羊排的青醬泥炒洋菇杏苞菇配烤土司，起因是三位喜歡挑戰的女客說：「有新鮮好玩好吃的？」被挑戰出菜後，稱讚好吃追問：「這菜叫什麼？」計畫拿醃羊排青醬煮魚湯實

青醬運用在醃羊排、魚

驗，即興拿來炒菇，開玩笑取名「青醬剩菜」，那群女生笑開來說：「我們是剩女，吃青醬剩菜，恰到好處！」確實用剩餘青醬炒菇，後來進階版加蝦仁，幾年後幫餐廳設計菜單「青醬紅酒燉牛肉」，近年塔及鍋羊排偶爾加青醬燉煮，也是臨場應變發揮的創意滋味。經歷十年即興變奏的料理進化，逐漸抒解心靈的徬徨不安，坦然面對人生的流浪困惑，料理烹飪跟人生起伏一樣，充滿各種啓示跨越，這是端出青醬剩菜時，客人說好吃的感動。

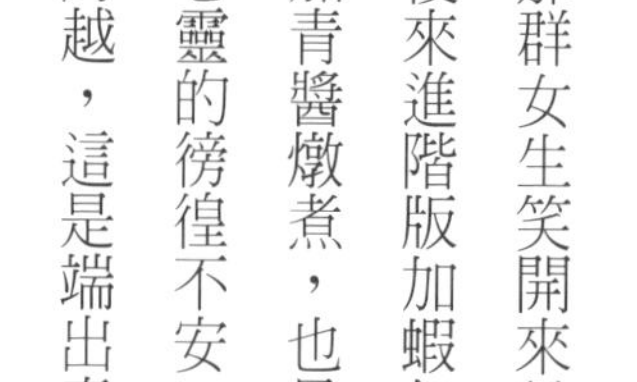

食物烹調跟空間布置存在各種可能性

南風吹過廚房的馬賽魚湯

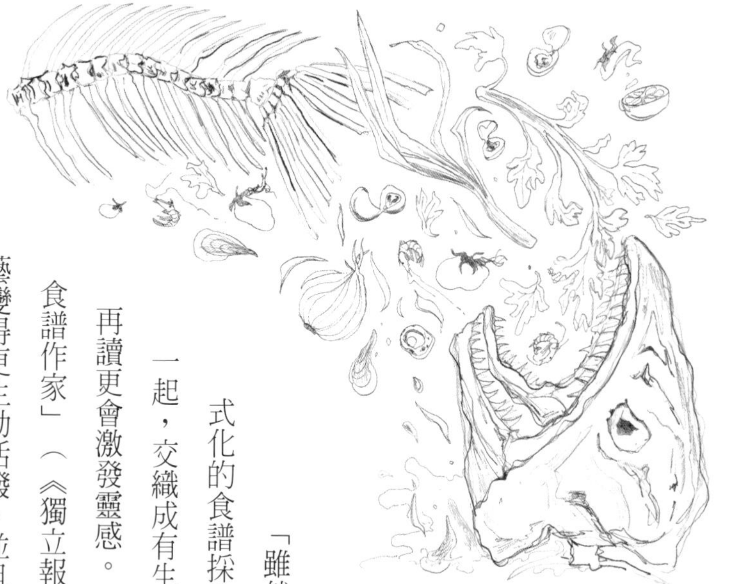

很多人問，喜歡美食才下廚？還是跟誰學？我不知道下廚，跟喜歡美食有何關係？懂料理跟師承家世有關係？

會烹飪，是喜歡閱讀食譜書，享受滋味想像的美感，閱讀是激發啓蒙的過程。

《南風吹過廚房》主編 Jill Norman 敘述「雖然是一位食譜作家，但依麗莎白絕不是一位公式化的食譜採集者，她經常把食物的描繪和親身的記憶寫在一起，交織成有生命的詩篇。」每次閱讀都會獲得新啓示，一讀再讀更會激發靈感。Elizabeth David 被媒體稱爲「英國最有創意的食譜作家」（《獨立報》）、「她比過去任何人更有能力讓英國的廚藝變得更生動活潑，並且將法國、地中海、中東的菜色引進我們已經膩煩的飲食中」（《每日快報》）。

食譜不是方程式，不是計算公式，食譜紀錄食物烹飪的過程和方法，食譜傳記是敘述料理滋味時空轉換的生命故事。伊麗莎白敘述年輕時，跟隨一位老紳士美食家，走訪鄉村餐廳，聽老先生娓娓道來，敘述料理與人生故事。那年，我剛開始下廚，似懂非懂閱讀，被她的文筆吸引，沉醉在他們悠遊世界裡。她輕描淡寫，述說老紳士如何看待食物，閒談聊天談生活品味，彷彿走在詩意美麗的世界裡。

閱讀伊麗莎白論述駐印度英國軍官的食譜書，我的思緒從臺東山林，飛越英國，再橫跨印度時空距離。我從後設角度去閱讀，透過伊麗莎白解讀英國軍官的食譜時，經過兩層閱讀者的時空轉換後，去思考食譜的意義。

伊麗莎白提出她對軍官 Kenney Herbert 食譜解析，我再從伊麗莎白的見解，去思考英國軍官駐印度研發的食譜思想。我，沒想去複製英國軍官的食譜，而是理解伊麗莎白的閱讀思考方式，轉折探索英國軍官因應時代環境，做出料理寫下食譜。一面追尋伊麗莎白和英國軍官的料理思維，一面反省當下時空文化。閱讀食譜，讓思緒，跨越族群時空文化，去理解飲食文化背後的意義。

我的廚師人生啓蒙書

《南風吹過廚房》她的書中216頁，「我自己有機會在新德里觀察到廚房設備，仍是令人難以置信的簡陋，從裡面端出來的則是教人吃驚的英國祖母級布丁，以特殊的拉糖絲做花邊飾的蛋糕，還有想要學法國風卻無端以麻辣的綠色小辣椒調味的菜餚。」

當時印度廚師以傲慢虛僞口氣對她說：「我和你一樣對法國菜很在行！」讓她感覺怪異，在印度看到「將食物以原貌之外的形式呈現愛德華七世時代的幻想派流風」可見食譜在時空轉換過程中，融入他者的異國想像，讓怪異元素碰撞在一起，一道食譜跨越歐亞到達異國世界，常常出現他者想像的認同。

常有時空錯覺，認爲米其林是法國料理的經典，其實「米其林」評鑑是近代的事，二次大戰後逐漸成爲世界公認的法式料理典範，法式料理藍帶學校崛起，在美國、日本、臺灣各地設立分校，推廣法式廚藝學院的訓練規範。米其林推薦原先是汽車輪胎商，爲帶動汽車旅遊，出版各地美食餐廳導覽，經過半世紀發展成世界美食評鑑指引。

從時代變遷的來看，米其林餐廳美食出現進化論現象，從鄉村食譜變成都會美食，鄉村料理怎麼轉換成爲經典食譜？大家熟悉的「馬賽魚湯」，原來是馬賽漁夫在捕魚時，上岸時自己吃簡單菜餚，番茄、洋蔥切塊燉煮加廉價雜魚煮湯蘸麵包吃，這道地方菜輾轉傳到巴黎，變成時髦餐廳的知名料理，馬賽魚湯的進化過程是怎麼演變？一百年前馬

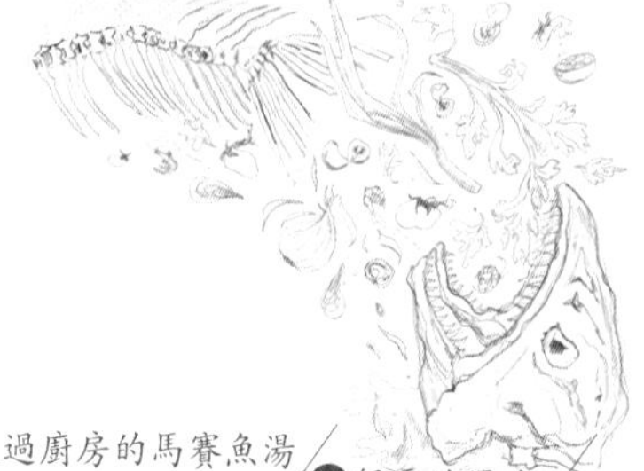

賽漁夫捕魚餐，變成巴黎名店招牌料理，名廚們食譜做法，講究番茄和魚湯燉煮火候，選擇高級魚肉明蝦蔬菜食材，細緻料理手法，搭配風味麵包上菜。他們解構馬賽漁夫的料理方式，再建構名廚擅長的精緻廚藝，烹調出巴黎版馬賽魚湯。

有天市場走一圈，買些海鮮回家，做一道「馬賽魚湯」，向伊麗莎白致敬。一年後又做了一次，寫下馬賽魚湯食譜詩「遇見馬賽魚湯」。

遇見 馬賽魚湯

洋蔥清炒焦糖出
番茄碎熬湯汁入
魚骨清燉融湯底
貝蛤下鍋收火時
軟絲圓切快炒起
魚肉飛揚湯汁間
芹菜片切蔥蒜飛
紅湯魚白荽綠綴
即興抓鮮火候到
揮舞鍋鏟馬賽湯

這首詩若出現在食譜書，有人看不懂，因爲沒明確先後步驟，沒溫度、份量正確數據，沒現代標準紀錄的食譜格式。但是常下廚有經驗人，閱讀上下文，瞭解食材內容手法要訣後，可以抓出烹飪方法，他知道控制每個食材的火候，如何先後次序將不同食材在不同時間搭配一起。遇到烹飪高手，看完食譜，立即拆解食譜，分析歸納找出結構，利用在地海鮮食材，現有相關材料和香料，重新組合建構新食譜，做一道新鮮好吃的海鮮湯。

那天聯經出版發行人林載爵來訪，塔及鍋羊排上桌，淺酌紅酒聊天，夫人文庭澍翻閱書稿，看到馬賽魚湯詩譜開心說：

「我會下廚，看得懂，我會做。你的詩把食材、刀法、動作、火候和色彩寫進去，還押韻，非常有趣的食譜詩！我很喜歡，常下廚看過就會做。」

想起百年前傳統工匠師徒傳藝，常常用口訣歌謠傳承心法，也許類似詩詞押韻的食譜適合朗誦記憶，遇到天資聰穎徒弟更有啓發性。如果依麗莎白在世，知道臺灣有人用中文詩寫食譜，向她致敬，不知她會有何感想？

食譜與廚師間，存在跨時空對話關係，他們因應時代文化變遷，創造新料理風格。食譜故事綿延發生，是廚師與饕客間的人生對話，食譜紀錄某個時空的料理記憶，每個時代廚師的食譜不斷解構重新再建構。當我閱讀伊麗莎白提起二次大戰前，她在馬賽喝到

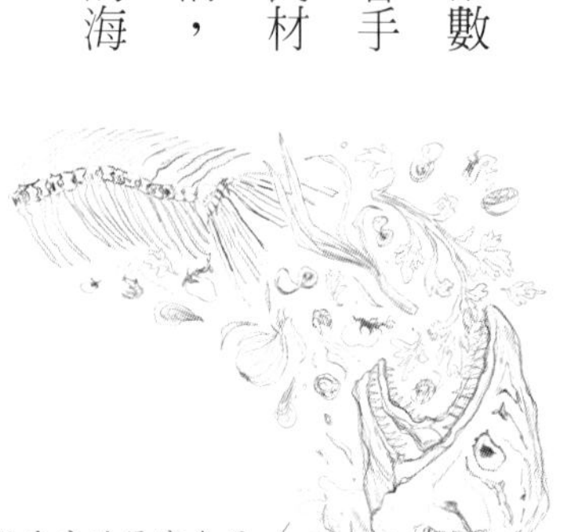

魚湯滋味的感動，漸漸迷戀她人文式的書寫風格，她的敘述讓我跨越時空，開始領悟食譜在歷史時空的旅行意義。

旅行讓思維更開闊

戰亂跑路牛肉麵傳奇

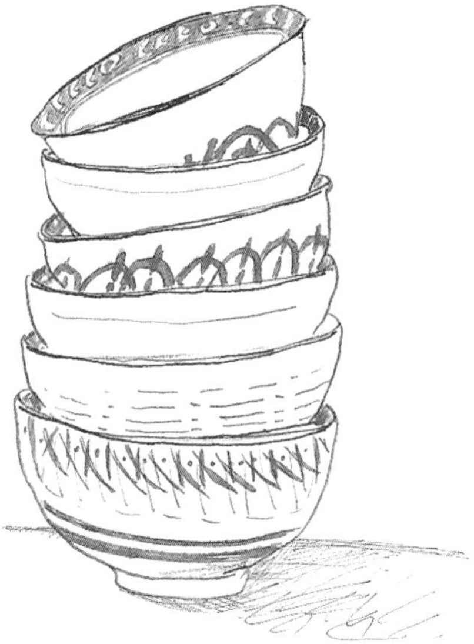

關於戰爭軍隊旅行的食譜傳奇，二戰後國民黨從中國敗退，將軍們的廚師跟著跑路，江浙菜、川菜、京菜、粵菜、雲南菜等食譜來臺各顯神通，連眷村媽媽們因地制宜，用臺灣食材製作家鄉菜，中國各地民間食譜開始在地化，後來出現眷村菜食譜和餐廳，蔚爲風尚。一場戰爭一群跑路軍民，從中國轉進臺灣，在臺北市、臺東市街道留下中國各省地名時，那些地方食譜融入民間，政治信念「三民主義統一中國」，變成民間食譜「臺灣統一中國料理」，三十年後年輕臺灣廚師學會中國移民的家鄉料理，繼承清代北京宮廷名廚傳承在民間的貴族料理。

西元二千年臺灣興起本土化復古風，酒家菜、阿嬤菜、眷村菜、客家菜、臺菜、原住民風味餐等等，似乎風起雲湧，連雲南菜也在高山清境落腳。四、五百年來，不同時代移民帶來不同食譜，融入地方小吃，成爲餐廳名菜，清末閩南移民的潮州菜、福州菜，日本移民的日式料理，二戰後的粵菜、川菜、江浙菜等等，泛稱民俗學的「鄉土料理」，經過五、六十年演化，融入臺灣食譜。

流浪異鄉帶著懷舊故鄉情感，料理跟情感、生活、經驗、記憶產生微妙的波動，思鄉情感建立在虛擬的滋味想像。二戰後中國老兵在各城市鄉鎮市場邊，賣起饅頭、包子、水餃、牛肉麵，四川豆瓣醬在高雄岡山落腳，「豆瓣醬」成爲臺灣新移民熱門食譜，本來當作蘸醬，變成牛肉麵的湯頭基底，「四川」、「山東」牛肉麵遍布各地崛起彷彿一場聖戰，如一九六〇、一九七〇年代政治口號「反共抗俄」、「三民主義統一中國」豎立在每個城市圓環牌樓標語。政治標語、文化認同與鄉土料理之間創造「我族想像認同」，如中華民族的國族想像與鄉土料理之間，竟然產生微妙互動，出現豆漿、燒餅、饅頭、牛肉麵的聖戰奇蹟。有趣荒謬的詭異，反攻大陸成功竟然是「永和豆漿」，幾個退伍老兵在臺北城郊河邊的永和賣起豆漿燒餅店，經過五十年後，反攻大陸傳回中國創立豆漿燒餅連鎖店，讓臺灣豆漿早餐店紅遍中國，荒謬竟然是用臺灣地名「永和」。一場戰爭讓食譜流浪漂泊五十年後，變成臺灣的豆漿燒餅牛肉麵傳奇。

一場中國戰亂創造臺灣牛肉麵傳奇

食譜穿越時空的旅行常常出現他者想像的荒謬情境，臺灣混血食譜「四川牛肉麵」、「山東牛肉麵」風靡臺灣六、七十年，從臺北桃源街、桃園軍團外、新竹國民戲院、高雄左營軍營旁到各地軍營外城鎮，風行各式各樣牛肉麵。二〇〇五年舉辦「臺北牛肉麵節」，隔年變成「臺北國際牛肉麵節」，二〇一一年仿日本壽司（Sushi）、韓國泡菜（Kimchi）、義大利披薩（Pizza），「牛肉麵節」海報採音譯，「牛肉麵」翻譯成「New Row Mian」，被批評翻譯不倫不類，不論是「Beef Noodles」貼近，或音譯（Niurou mian），「牛肉麵」在臺灣是一個戰亂傳奇的食譜，連官方翻譯的英文也是荒腔走板，有如一場時代國家認同的鬧劇，吶喊過期褪色的政治口號。「臺灣牛肉麵」確實好吃，充滿各種族群想像與認同，也許如「中華民國在臺灣」或「臺灣的中華民國」的政治歷史哲學辯證，出現「一中各表」是荒謬詭辯！「New Row Mian」如「九二共識」政治口號，是沒有共識的自說自話，是自我催眠的安非他命興奮現象。

國共內戰，國民黨逃亡來臺，傳聞四川老兵懷念家鄉食物，陰錯陽差將川味辣椒融合牛肉湯，發明「川味牛肉麵」，山東老兵取名「山東牛肉麵」，回族稱「清眞牛肉麵」，新竹空軍機場附近出現經營六十年不重辣味的江浙清淡風味牛肉麵。當牛肉麵流傳回到中國時，改名「臺灣牛肉麵」風靡中國各地，成就一碗牛肉麵的戰亂流浪食譜傳奇。戰爭結束六十年後，臺灣人到中國旅行時，發現在四川、山東地方，並沒發現臺灣賣的「四川牛肉麵」、「山東牛肉麵」，究竟這是怎麼一回事？一碗牛肉麵成爲戰亂跑

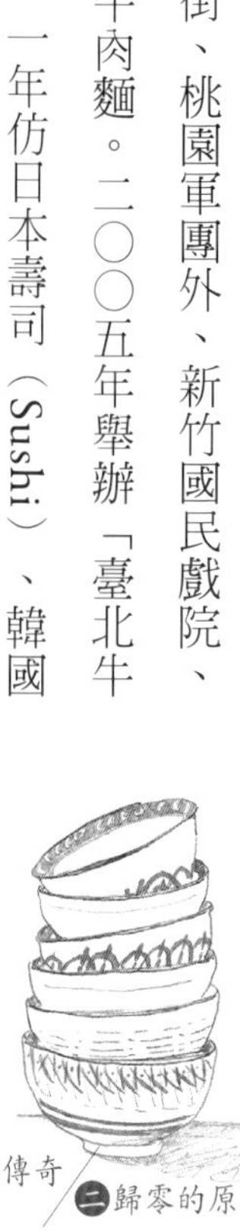

路的傳奇食譜！一群老兵思鄉情怯煮出故鄉沒有的牛肉麵，卻用故鄉名稱！

食譜旅行中，出現他者想像認同，「四川牛肉麵」、「山東牛肉麵」跟政治口號「三民主義統一中國」，是荒謬卻眞實存在的情境！

時代戰亂的迷失，產生錯綜複雜的浪漫食譜，臺北的「唐宮」、「成吉思汗」蒙古烤肉，歷久不衰成爲國際美食，成爲美、日旅人喜歡的料理，「臺灣蒙古烤肉」也是一場美麗的歷史錯誤，前往蒙古地區並沒發現，臺北那樣大鐵盤鍋蓋下面燒炭火，將豆芽、高麗菜、醬料和牛、羊、豬肉倒一起，用長筷子翻炒的料理！美食文學家發現美食雜文記載，在清末北京胡同院子裡擺設類似大鐵盤鍋，點幾斤肉炒熟搭白酒加芝麻餅，送到屋裡吃喝。傳聞一九五一年相聲演員吳兆南在新店溪畔螢橋創業，原先想取名「北京烤肉」，擔心被套上「通匪」罪名，改「北平」又不適合，於是命名「蒙古烤肉」，又是一場戰亂流離又眞實美麗的食譜故事。

時間讓食譜凍結在過去

穿著存在主義高爾夫球鞋

失聯三十年的大學同學，突然，臉書傳來訊息，同學寫下：「料理如存在主義探索，料理字詞解釋，將食材做調配處理，一個好的料理是多數人肯定的味道，一個調配不爲多數人接受的料理，就像事件的不協調矛盾。我是看到您不斷的突破創新，就像存在主義者，思考著如何擺脫命運的束縛，創造新的自我實踐契機。」

他是哲學系同學，畢業後從商，在外國名牌鞋廠賣高爾夫球鞋，幾乎走遍全世界，他見識一九八〇、九〇到今天的鞋業發展，走訪過歐亞非各地鞋廠，最近改賣義大利製鞋設備，常跑越南、泰國、馬來西亞等地。他還在迷戀哲學思維，我在想，他穿著名牌高爾夫球鞋，走在世界各地球場，何時思考哲學問題，在揮杆擊球飛出那一剎那出現「存在」？

隔天，他又傳來：

「你在臉書中所暢言創意料理，不只是創意而已，你透發內心對現存料理的調製組配程式，很強烈的不滿意，想去改變，本來創意很輕鬆想著如何增減除舊換新，甚至賦與料理新名，注入詩意等，而你是很強烈的挑戰目前所流行的料理，就像是對生命制約的挑戰。」

我曾經沉思過，料理是存在，可呈現思想、美感、意念，像藝術創作那樣自由自在，變成一首音樂，或一幅畫，一件雕塑。存在是展現料理本質的過程，料理表現是存在方式，讓味蕾感受到滋味存在，如藝術是一種展現審美的思維，爲何料理不能展現欣賞藝術那樣的思維？曾有路過旅人，敘述他從料理的感受、感想，以及聯想，在他傳來一篇的感想中，如同看完一場畫展的感觸，欣賞電影戲劇音樂會的感想，料理滋味的感受爲何不能像藝術？如果料理是存在意識展現當下主體狀態，那會是什麼料理？

我在烹調時的意識狀態！真的，如他說「存在意識」的思維嗎？那晚，我夢見，穿著存在主義的高爾夫球鞋，在一個虛無的球場上，遇見卡謬、卡夫卡、沙特、米羅、達利、畢卡索和夏卡爾，在夏卡爾的浪漫天空色澤，達利的變形流動地景，揮出畢卡索下樓梯女人的線條，那球飛出

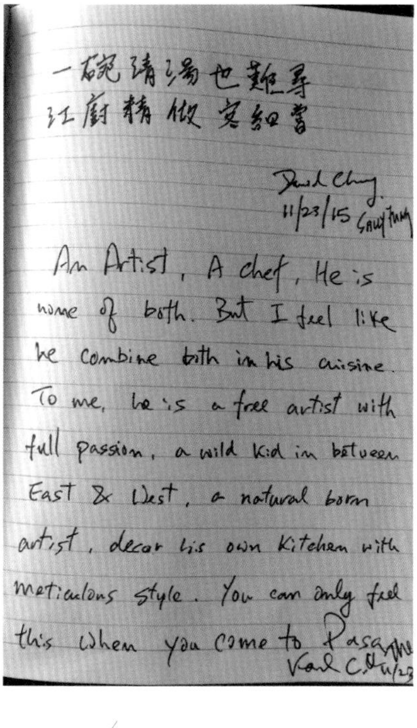

為何留言 A wild kid in between East & West

米羅的曲線，消失在沙特菸斗的迷霧中。料理的藝術？藝術的料理？藝術與料理間的關係如何互動？認識一些藝術家朋友，確實懂吃還會下廚，做出的料理相當出色，也許藝術天分跟下廚料理也有相通之處！我不是藝術家，沒想過當藝術家，從來沒想人生跟藝術有何互動轉折，不過，必須承認青年時期讀太多存在主義書籍，有些想不透的人生徬徨，中年過後還在拉扯，那種不確定的徬徨，讓我變成廚師。

我感到困惑？五十歲突然改行當廚師，跟過去人生有關？拍社會運動紀錄片、歌謠音樂田野調查、念研究所寫論文、拍實驗電影搞前衛思潮等等，荒謬是四十歲以前不曾下廚，隱居山林十年後，人生五十才拿刀玩鍋鏟爐火，孔子曰：「四十而不惑，五十而知天命。」會是這種叛逆廚師人生不惑狀態？

那天下午跟著名旅館執行長聊天，談當地形形色色餐廳的發展，從無菜單料理風行，到近年流行的視覺奢華美食風潮、民宿美食、山野料理到海鮮美食。

問：「近年網紅美食有何看法？有你認可出色到味的料理嗎？」

他停頓想了一下，搖搖頭說沒有，再追問附近餐廳如何？

依然搖搖頭，再追問爲什麼？他說：

「你去吃吃看，就知道問題在哪裡。」

我們深談許多想法，他突然提議，可以在旅館 VIP 餐廳的 Chef Table，他找一桌朋友試試我的料理。認識旅館大廚後，他必須負責午晚餐，廚房空檔只有下午二點到四點，VIP 餐廳 Chef Table 房間裡設備不足，只有簡單加溫保溫廚具，沒有私廚規格的爐灶水槽廚臺設備。主廚房在地下室距離 VIP 餐廳太遠，沒有出菜電梯，推車出菜動線太長，擔心送菜途中出問題。

私廚特色是主廚就近 Table Service，控制每道出菜時機，有些要事先二、三天備料處理，當天進行每道料理的烹飪步驟，掌控每道料出菜時間和順序。一般旅館並沒有 Chef Table 設計，「私廚餐廳」搭配套裝

廚房設備，這是招待所等級，投資一套廚房設備成本太高，不合經濟邏輯。

正規旅館餐廳是軍團作戰，廚房有大廚二廚分工編制，出菜有外場上菜，櫃臺負責接洽訂單，專職配套桌邊服務人員，餐廳經理統籌訂單接待，行政主廚統管廚師菜單烹飪流程，餐廳部門是正規軍專業團隊經營陣容。私廚有點像美國海豹、三角洲特種部隊，擅長突襲攻堅作戰，經過稠密規劃的小編制小行動，不同於總舖師或百人餐廳，那種軍團行軍布陣作戰方式。

執行長建議找家開放廚房餐廳，辦一場看看，或找私廚設備精緻民宿，來場「私宅上菜」，由他邀約幾位美食饕客，一起品嚐。後來閒聊，提到新想法「流浪廚師日記」，到每個縣市鄉村去走遊，尋找食材發表新料理，或餐廳邀約合作改造食譜、開發新菜單。這種浪漫過頭的想法，在美洲、歐洲跨族群跨文化也許有趣，但是臺灣呢？

稍晚，一個人在礁溪老街品嚐八寶肉羹，比較羅東市街的林場肉羹滋味，回想其他縣市吃過南北各地肉羹的模糊印象。隔天，沿著海岸公路開車，回想十幾年來，孤獨漫遊的路途，從山野涼亭簡陋廚房，到城市廚房間移動，意外下廚人生故事。清晨，看見Chef Leun 和 Grace Wang 捎來訊息「生日快樂」，昨天跟執行長的談話，心裡浪漫計畫，也許是最好生日禮物。能不能執行，那就隨緣不勉強，有些浪漫想法往前走，也是努力的方向，那是一個人給自己的祝福。

創意思考來自跨越與融合

唐吉訶德那碗肉羹

來自臺北的阿峰傳來的昔日照片，勾起回憶，有些記憶越來越模糊，越來越遙遠。很多朋友問，記得誰，誰！誰嗎？相隔二十年、三十年後，彼此人生各自走一大段，再相逢也很難談些什麼？

突然，朋友傳來訊息，羨慕你的生活，自由自在，猜想在電視節目重播中，看到記者採訪片段，我在山林裡晃來晃去，住在破舊老農舍，一個簡陋克難的涼亭，一手爐臺、拼湊碗盤，做些料理，煮杯咖啡，看書聽音樂。每個人都嚮往另一個非我的夢想生活，當自己個人做不到，不敢做，不敢想的事情，常常把夢想投射在他人身上。我的山林生活彷彿萬花筒，每個人投射自己渴望的面向，出走抒解城市生活壓抑和不安，讓心靈折射在稜鏡的光彩中，尋找夢幻解脫。

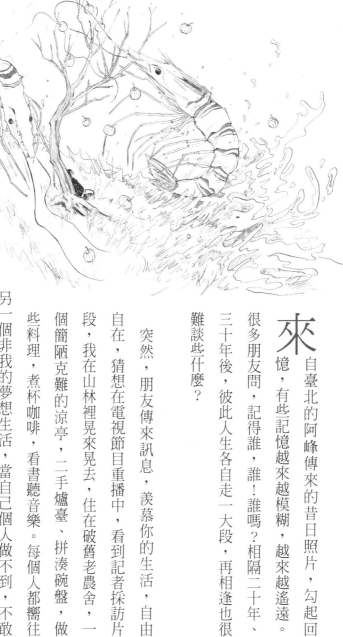

念高中那年開始，習慣一個人過生日，那次生日剛好在清華大學看 Peter Otto 演的「唐吉訶德」，被他的歌聲「Dream the impossible dream」吸引，學習他勇敢面對人生困惑的巨人風車，那股浪漫思緒延續多年，偶爾聽見那首歌，心靈依然悸顫，中年退隱獨居山林，獨自修繕破舊農舍，彷彿唐吉訶德決定出門，去完成騎士最後的光榮任務。

當記者或朋友問我，爲何勇敢遠離臺北，爲何選擇如此殘破的農舍，在荒煙蔓草的山林中，孤獨地定居下來，到底在追求什麼？十五歲那年，遇見唐吉訶德，被他莫名其妙的舉止吸引，中年過後，如老騎士唐吉訶德的抉擇，毅然走向寂寞孤獨的荒野，去完成心靈中未知的渴望。存在就是如此荒謬而迷人，每個人都有心靈中的唐吉訶德，每個人都有渴望征服的風車，如同每個騎士最終的浪漫任務。

四處工作流浪久了，吃過各地肉羹，有些肉羹用瘦肉醃製再勾芡燙過，這是純肉作風，有些用魚漿＋肉條下去混搭，有的魚漿加肉漿混在一起，川燙過放涼，等用時，再加入湯羹中。湯羹做法，有用大骨湯熬煮後調味加勾芡，也有直接將燙煮肉羹的高湯變成湯羹，湯羹裡加筍絲、紅蘿蔔絲、白蘿蔔絲、高麗菜絲，打蛋花在羹湯裡。肉條和魚漿比例，隨店主喜好，肉挑那個部位，肥瘦比例各自不同，南部口味偏甜加糖，北部偏鹹不加糖，羹湯裡加菜絲、蛋花多少，一碗肉羹千變萬化，每家店都有不同做法，跨縣市分家的傳承也因地制宜，招牌寫「北港肉羹」，也有寫師承如「闊嘴師」，一碗肉羹有各種不同師承風格滋味。

臺東市場邊肉羹小吃，五十年前在東部異鄉落腳開店，選擇市場旁邊，開始賣肉羹，如何吸引人？店家承襲中南部偏甜口味，偏臺南點心作風採小碗，搭配肉燥飯。創店後，發現南部小碗純肉羹，臺東人不喜歡說：「我們家飯很多！羹太小碗！」店家調整過肉羹配方，用魚漿加肉，碗加大，羹湯加紅蘿蔔等菜絲，賣炒乾麵淋上肉燥，羹湯減糖改去南部口味，隨後受到歡迎，早市買菜人一買十碗、二十碗帶回鄉下。

食材比例配方？季節變化，湯羹裡蔬菜隨著變動？不同地方不同季節，料理風味隨著變動。一碗肉羹四處流浪，在各地市場邊，落地開店，父傳子女，三十年五十年老店肉羹滋味如何？那天，坐在臺東市場邊肉羹店裡，思索店家招牌「北港小吃」，創店者是北港人？北港學藝？北港肉羹的風格特色是什麼？五十年前北港肉羹滋味是什麼？今天一碗肉羹食譜從北港流浪到臺東，在地五十年後的滋味傳奇是什麼？

那天某社區發展協會來信，希望推動在地美食創意課程，跟在地廚師互動，激盪廚藝美味。來回電話溝通後，提出「原味料理VS在地食材」課程架構，列出題綱。

提出架構後，重新思考幾個問題：

一、料理如何創新？
二、如何發現食材的原味？
三、如何從原味探索料理創意？

近年臺灣流行「在地旬味食材」，結合無毒農業的在地小農，提倡「在地新鮮蔬食」，從西部城市巷弄餐廳，到東海岸鄉村小店。地方政府推動美食旅遊，從地方小吃、家常料理，提升到美食料理，尋找名廚舉辦美食節輔導教學活動，提升在地餐廳的

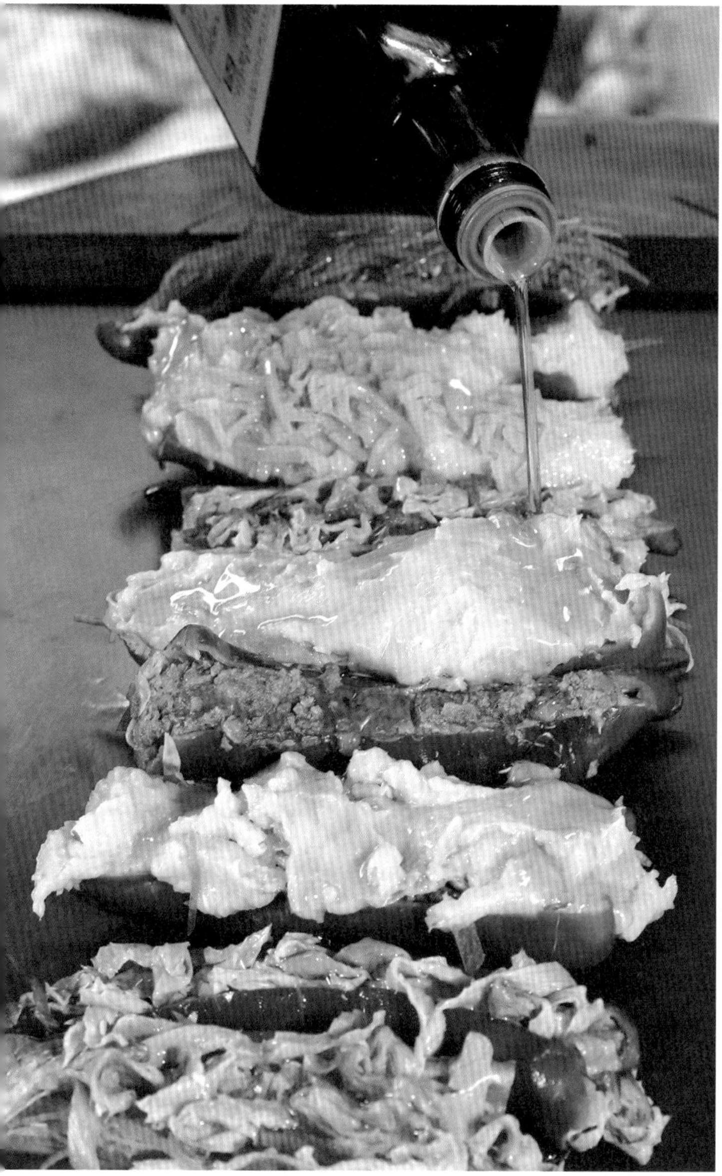

食譜跨越時空會調整烹飪和食材

創意菜單。如何短短二三天教學，推動美食饗宴玩出六、七道不同口味料理，確實難，難免有些刻意硬套、取巧把某些食譜更換食材，或做成沙拉餐擺盤弄得花俏美目，眞正流傳下來，可能有一、二道成爲傳奇經典名菜。

竹筍餐、芒果菜、米食節、紅藜料理、虱目魚宴等等，似乎每年各地都會推陳出新，話題新聞節慶活動時間一過，許多菜餚往往雲消霧散。有時料理創意是意外、誤打誤撞產生，一時缺什麼拿來應急，即興創造新滋味。如果活動持續三年五年八年，慢慢修改食譜烹飪方式，加上卓越廚師創意，可能醞釀幾道經典食譜。

在地小吃代代相傳經營，淵源久遠而歷久不衰，在鄉村小鎮路旁開店，延續老食譜的滋味，逐漸成爲地方經典美食。臺南海岸地帶七股、將軍、學甲等地養殖虱目魚，在地店家經過三、五十年累積經驗，將魚肚湯、魚肉粥、紅燒魚頭、虱目魚丸等，提升爲經典小吃。今天，市場販賣去骨魚肚魚肉片，讓居民買回去自己料理，或提供在地店家販賣餐點。從七股、學甲、佳里街頭到臺南市區裡，都有數家小吃老店，讓市民品嚐在地餐點，從清晨到下午或入夜，各家經營時間不同，這是天天賣天天吃，永遠不膩的在地家常美食，料理者與飲食者，兩者共同創造魅力永恆的食譜。

食材、烹飪、滋味、烹飪者、飲食者究竟如何共創一道食譜？虱目魚養殖產業如何在

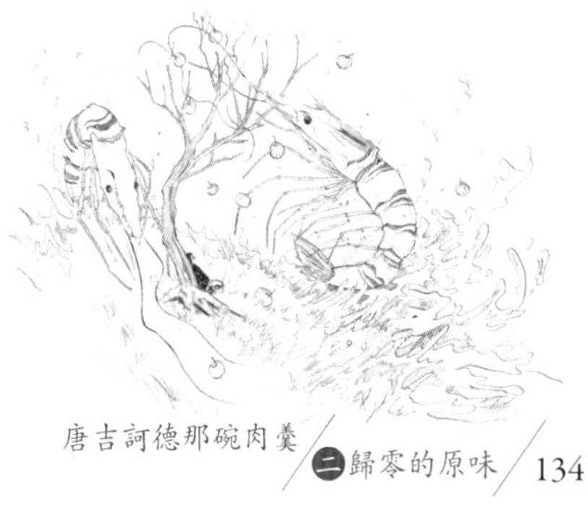

七股將軍學甲一帶落地興起，融入臺南市民小吃？紅燒魚頭、薑絲魚肚湯到乾煎魚腸，虱目魚粥、虱目魚丸到去骨虱目魚肚刀法，一條虱目魚支撐各種風味烹飪手藝，讓小吃店屹立不搖，拓展到臺南高雄發展連鎖虱目魚店。

地方傳統小吃勾勒「滋味傳奇」的食譜故事，每個經典小吃都有獨特建構滋味的脈絡，臺南「棺材板」、「浮水魚羹」、鹽水「意麵」、安平「蝦捲」、學甲「虱目魚湯」、麻豆「碗粿」、新竹「貢丸」、「竹塹餅」、彰化「肉圓」、深坑「臭豆腐」、基隆「鼎邊趖」、宜蘭「鴨賞」、「牛舌餅」等等。創始者如何將不同食材烹調組合一起，變成在地人喜歡的滋味。經過三十五十年時空演變，不斷累積加成演化產生經典食物風味，每道經典小吃都留傳創作研發的傳奇，面對時代變革又產生新料理革命，這是美食文化的創新與認同。

從歐美興起「在地食材」觀念，加上「養生美食」風潮，成爲新時代新料理流行思潮，帶動一波新美食觀念，逐漸擺脫過去龍蝦鮑魚喜宴酒家料理風。美食旅遊節目推波助瀾，讓旅遊者到各地，品嚐當地菇類、放山雞、竹筍、新鮮蔬菜、魚肉等各式料理，尋找當地餐廳經典美食或傳統料理。近二十年來，興起在地傳統風味，客家菜從龍潭、關西、竹北、北埔、東勢、到美濃沿著臺三線崛起，閩南菜混合數百年來自潮州、福州、泉州、漳州等食譜變成「新臺菜」，隨著解嚴後臺灣政治民主化，藝術、文學、美食出現本土化風潮，被政治壓迫歧視的臺菜、客家菜從鄉村抬頭，進軍臺北城市與江浙川廣餐廳並駕齊驅，加上百年臺灣商業興衰史，來自金礦九份、大稻埕商街、三峽老街、北投酒家崛起的酒家菜，還有鄉村地區民俗婚宴的「辦桌菜」，近年出現「總鋪師」電影，敘述流傳民間辦桌廚藝的料理傳奇，反映臺灣百年料理食譜發展史。每道傳說中料理，因應當時社會文化情境和宴客需求，創造各種驚奇、驚喜的意外新料理，又在食客口耳傳說間，變成新興料理，故事不斷輪迴演出，展現臺灣廚師的創意活力！

二〇〇五年間，臺北長安東路復古餐廳「九番坑」，以八仙桌、板凳、鄉村飯碗盤，推出精緻化臺菜，以「臺灣料理」聞名，登上日本雜誌，成爲日本商社、旅客下機後直奔的宵夜餐廳。朋友邀約品嚐後，確實，掌握日本烹調要領「料理精神」，廚師是導遊出身，她沒考過證照沒拜師學藝，純粹自學自想，老闆是美食行家抓住市場趨勢口味，他挑食材說理念，她下廚邊試菜邊做滋味，一個構思食譜理念，一個下廚認眞烹飪，兩個人共同創作一系列有趣好吃現代口感的臺灣菜餚，連日本作家、美食記者都上癮的滋味，寫出精彩報導重新詮釋「臺灣料理」。

「九番坑」用粗獷的鄉村磁碗盤裝菜盛飯，搭配飯碗裝啤酒，讓客人坐在板凳上用餐，八仙桌上的樸實感，讓家常臺菜變身成新潮都會風美味。一般流行臺菜餐廳是復古詮釋，翻版再製「阿嬤的」傳統風味，但是「九番坑」卻隱藏著料理手法和風味。

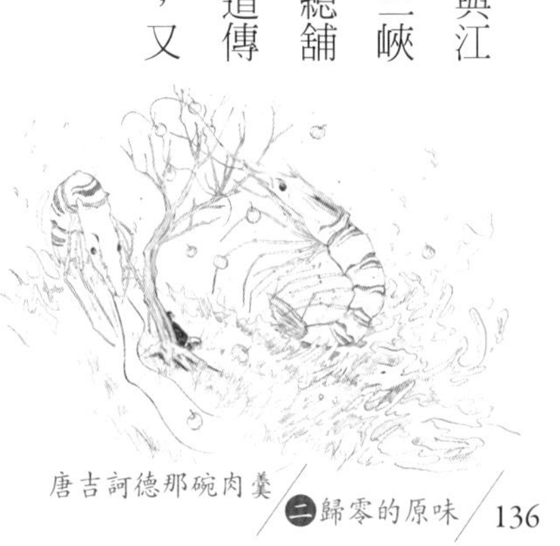

老闆慎重說：「這是臺灣料理，是料理，不是臺菜，料理來自日文，跟日本料理一樣，我把臺菜昇華到『料理』層次，所以是『臺灣料理』！」可見料理演化過程，存在進化論的思維，廚師們不斷演繹詮釋經典食譜，創造賦予新滋味，來超越傳統經典風味，融入新時代的感覺、感想和感受，「九番坑」老闆如此詮釋『臺灣料理』，呈現廚師職人的風範。

苗栗南庄桂花巷裡，得獎湘菜名廚轉戰懷石客家料理，嘗試在客家菜式融入懷石手法，希望給客家菜帶入新時代的感受。懷舊臺客家菜風潮崛起後，隨著政權本土化，阿

都蘭阿美族豐年祭饗宴

扁就任總統時期將臺灣各地小吃美食納入國宴，此後，臺北名廚開始將臺灣食材米其林化，敘述各種傳奇故事增加美食風味，這股「臺灣米其林」風潮方興未衰，持續演化帶動臺灣餐廳新潮革命。作家焦桐從文學轉戰美食，參與各種美食活動，寫出一系列餐飲書籍，推出金庸小說爲題的饗宴，讓大廚們想盡腦力創造文學意境裡的菜餚，令人訝異是「文學美食」？還是「美食文學」！

臺北舉辦「牛肉麵」大賽後，一時臺灣牛肉麵風起雲湧，創下千元一碗高檔牛肉麵，連招待所級餐廳或高檔旅館也參與牛肉麵大戰，得獎餐廳跨海到對岸開店搶攻餐飲市場。冠軍牛肉麵風行一時，連臺北車站迴廊餐廳美食街，豎立食神般大廚神像，路過幾次後嚐過後，感覺很像調理包牛肉湯＋中央廚房冷凍麵條，畢竟微波牛肉麵比不上路邊小店老兵賣的牛肉麵條，來得扎實有勁。鄉村小店麵食依然注重口感滋味，依然嚴守烹飪工法；都會餐廳速食化中央廚房化，調理包化，雖然符合現代衛生快速出菜條件，但食物滋味卻越來越脫離眞實，透過現代化工合成香料添加物，來維持風味，最後連超商便利店掛起冠軍廚師像海報立牌，但是依然敵不過街頭牛肉麵，微波牛肉麵慘遭下架，高檔破百元牛肉泡麵也失去風采。預測未來將會出現鄉村小店堅守傳統烹飪，與都會調理包餐廳的對抗，考驗臺灣人對滋味感受的何去何從？

鄉村餐廳廚師習慣大火快炒，主要菜單大概二十道上下，魚是煎烤煮，菜則炒燙

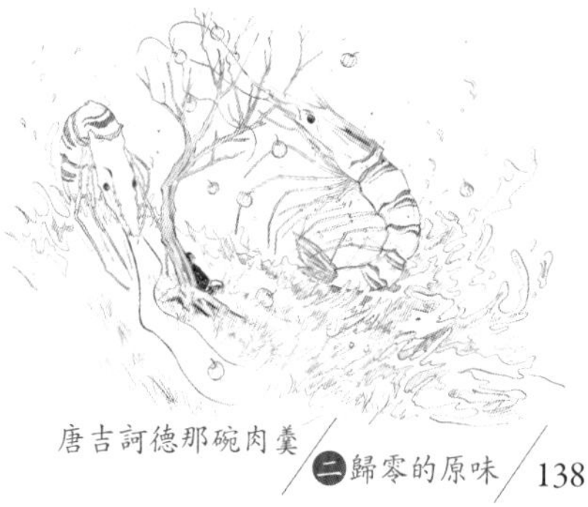

燜滷拌，常見炒季節性蔬菜。花東縱谷餐廳，利用自然資源用山泉水養魚，以火烤鹽包魚料理，創下「魚原味」獲得旅客讚美，近年融合山野菜在地食材，改造阿美族的「野蔬菜湯」成為經典作品，融入漢人炒菜手法，加蒜、魚乾、肉絲，炒野菜，或雞湯川燙煮炒。原住民委員會大力推動原住民美食，辦饗宴出版精美印刷的各族食譜書，食譜呈現八菜一湯的漢人宴席風格，融入漢廚煎煮炒炸燜燉滷手法，留下料理變遷痕跡，原住民各族食譜從烹飪哲學角度思考，融入漢式烹飪手法，究竟是「我為他用」或「他為我用」？

閱讀「原住民食譜」書籍後，思考在時代變遷族群互動中，食譜料理創新過程，留下主客互換辯證的料理哲學課題？荷蘭的印尼菜、英國的咖哩餐、美國南方的德墨菜呈現殖民料理融合現象，從文化哲學思考，存在「料理殖民」、「殖民料理」與「料理被殖民」的種種矛盾思維？這個問題往外延伸，近年臺灣餐廳納入米其林評鑑，臺菜客家菜維持傳統風味被推薦，還是面對臺菜客家菜創新米其林化挑戰？臺灣米其林風潮主廚們開始面對在地食材食譜與新潮烹飪的哲學思辨？那麼「原住民料理」VS「米其林」會產生什麼變化？

從在地風味中沉思文化意涵

一九九七年間新加坡餐旅業極力推動「New Asia Cusine」運動，追趕料理新風潮，引進西方名店料理和廚藝，鼓勵歐亞廚師開發新料理，一場米其林風潮開始席捲全球。曼谷、上海、新加坡、香港、東京類似流行文化風潮現象，二十年來臺灣出現英文夾雜的饒舌歌，從北京語到客臺語饒舌都有，流行風潮在「主客辯證」的對話碰撞中，尋找臺灣主體性，如何創造獨特「風味」讓人感受到「這就是臺灣」！

推想，當臺灣料理走上世界舞臺，到底哪些料理會被認定？除了屹立不搖的江浙、川、粵等經典名菜，加上鼎泰豐湯包，這是從中國戰亂跑路變成融合的臺灣菜，面對中國料理崛起？在現代快速變遷中，如何思考料理創意風格？也必須思考料理本身的主體性？九番坑老闆說「臺灣料理」，顯示他在思考更深沉的美食哲學課題。

某些時候，「顛覆」、「反叛」、「革命」變成創作料理的意識型態？臺菜、客家菜的崛起，從政治統治與被統治角度來看，是解除政治戒嚴後的另類文化革命，包括閩南語電影和連續劇的崛起，阿扁總統任內國宴採用臺灣各地小吃，表現臺灣文化革命意識形態。「臺式料理崛起」是反映料理民主化風潮，促成臺菜、客家菜從鄉村往都會發展。如果放在世界料理版圖時，什麼料理能代表臺灣？這個挑戰也反映在法國、義大利、西班牙、埃及、土耳其等國的風土料理上！

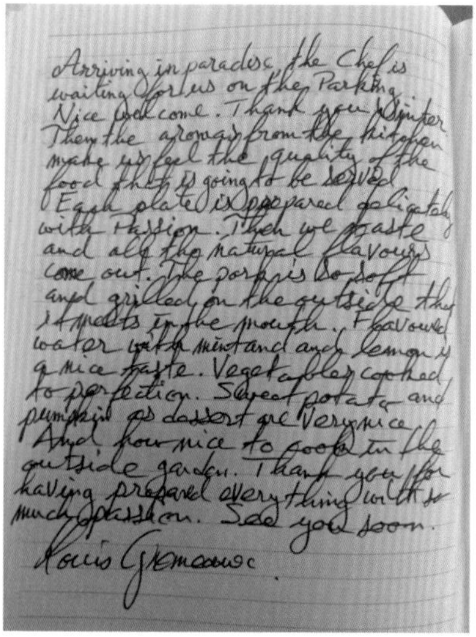
Arriving in paradise, the Chef is waiting for us on the Parking. Nice welcome. Thank you Winter. Then the aromas from the kitchen make us feel the quality of the food that is going to be served. Each plate is prepared delicately with Passion. Then we taste and all the natural flavours come out. The pork is so soft and grilled on the outside they it melts in the mouth. Flavoured water with mint and lemon is a nice taste. Vegetables cooked to perfection. Sweet potato and pumpkin as dessert are very nice. And how nice to cook in the outside garden. Thank you for having prepared everything with so much passion. See you soon.

法國美食部落客Louis Gremeaux 留言並建議去侯布松餐廳嚐嚐

無菜單的浪漫與虛無

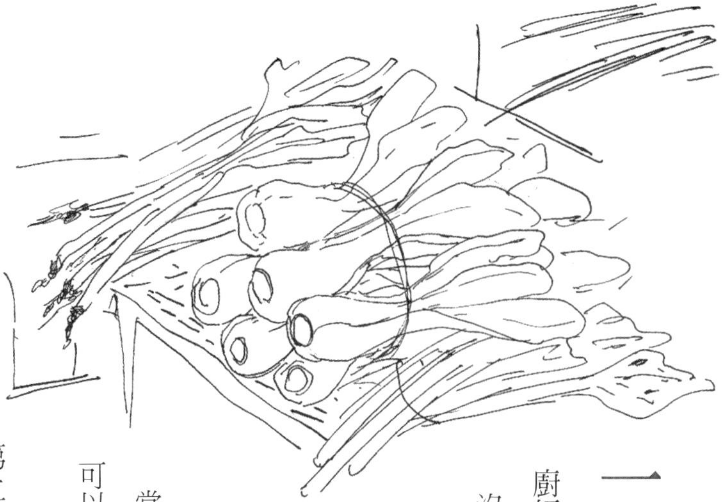

二十年來流行「無菜單料理」，在以訛傳訛情況下，無菜單彷彿就是創意料理，創意料理是無菜單。以廚師立場來看，無菜單有三種狀況，一種是有菜單，現場沒菜單讓你臨時點，因爲需要備料數小時，有些傳統菜餚需要數天醃滷浸燜煮來入味，沒辦法隨點隨做，除非每天限量供應，準備好固定份量，賣完就等明天。另外，私廚餐廳讓廚師提前備料，從容自由揮灑，按照既定構想出菜，控制在最好狀態出菜，讓客人品嚐美好滋味，這是有菜單沒菜單可點的「無菜單」。通常私廚餐廳會印製精美的食譜給客人瞭解，可能有幾道可以挑選。

第二種無菜單，是海鮮餐廳，今天有什麼海鮮要當天才知道，宜蘭無菜單海鮮餐廳是這樣崛起，一桌五千元六人份，一桌八千八人份，一桌九千五人份，提前先預約後，現場由餐廳點菜人或廚師，依照當日魚貨市價調配，由廚師做成生魚片，其他搭配蒸煮炒炸醬燒各種海鮮料理手法。

環保概念的蔬食餐廳是第三種無菜單狀態，由廚師當日採購衡量食材，配置特色菜單，主菜可能有二種三種可挑選，副菜湯點可能二三種，當前面客人點完主菜，後到客人只能點剩下的主菜。隔天主廚運用同樣食材，變化食譜改寫新菜單，發揮主廚烹飪的創意，讓食材展現最好滋味。環保概念新潮餐廳，主張使用鄰近小農食材，跟小農契作根據季節產期固定採購，讓在地食材發揮當季滋味。奧田政行著書《地方美食力》奉行上述理念，運用鄰近小農作物，每天因應食材寫黑板變化菜單，發揮烹飪創意。

無菜單狀態因人而異，餐廳型態不同，無菜單形式也不同。每個廚師的處境不同，遇到狀況不同，產生不同型態的無菜單料理。那年剛創立「PASA廚房」住在都蘭山林農舍，克難蓋油毛氈涼亭當餐廳，餐桌在涼亭裡，廚房是涼亭側邊，瓦斯爐、洗水槽、工作臺列成一排，爐臺水槽碗盤是二手拼湊，工作臺是剩餘漂流木簡易搭建。因爲是克難簡易廚房，工作臺放置食材刀具碗盤，已經沒空間，只好把餐桌一邊當廚臺，轉身後面是爐臺水槽。這種開放廚房隨興自在，類似中島型餐桌廚臺，烹調料理非常方便。常常邊切菜備料，邊跟朋友聊天，那時出菜很自由，看見什麼，想到什麼，就做什麼。

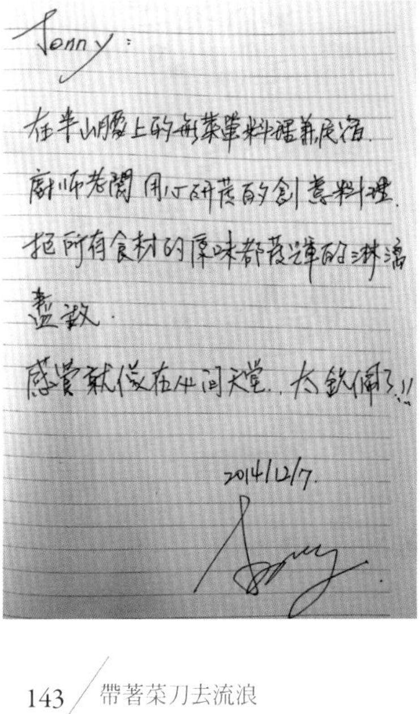

留言無菜單的感想

清晨去市場買菜，看見喜歡就買，做什麼當下沒想清楚，沒根據食譜採買學做。通常回到山上涼亭，一邊整理蔬菜食材，一邊構思如何做，魚肉放冰箱，羊排牛肉已經冷藏解凍，湯已經慢火先燉煮，炭火升起備用，等待客人入座後再烤牛羊肉，慢火燻烤的南瓜、地瓜、大骨肉已在炭爐中燜烤二小時。餐桌上，放二尺超大圓盤，採買的蔬菜擺盤堆疊在上面當擺飾，彷彿盛宴餐桌上堆疊滿滿各色食物，這些都是生的不能吃，等宴席開始再邊吃邊做邊出菜。

那天遇見無菜單經驗，朋友入座用餐開動後，沙拉和前菜先上，接著紅酒牛羊排等陸續交錯出菜，空檔時間隨手拿桌上堆疊蔬菜烹調，確實是偶然遇見無菜單狀態。那時，看見餐桌上茄子，想起冰箱裡培根，也許兩個可以搭搭看，怎麼做沒想過，培根切片炒？切絲！還是切丁呢？切片要切多寬？切絲切多細！那種炒法比較好？茄子炒熟再下培根？還是一起炒！或，培根先爆香後，再一起炒？茄子切片，正切還是斜切！切段呢？腦海裡，出現數種不同組合的烹調手法，哪一種比較好，創造不同層次的風味？

客人邊吃邊聊，邊問邊回應，手沒閒著，繼續切蒜末，然後切培根，肥瘦肉分開切碎丁。橄欖油潤鍋後，轉小火先煸蒜末微焦出香味，立即起鍋擺一旁，培根肥油下鍋煎出油，隨即下培根瘦肉炒焦香起鍋。將三分之二茄子切碎丁，鍋不洗直接下碎丁茄子，炒煮加點水燉，等茄子丁熟軟後加炒蒜末炒培根肉末，再熬煮成茄子泥，讓蒜味、培根滋

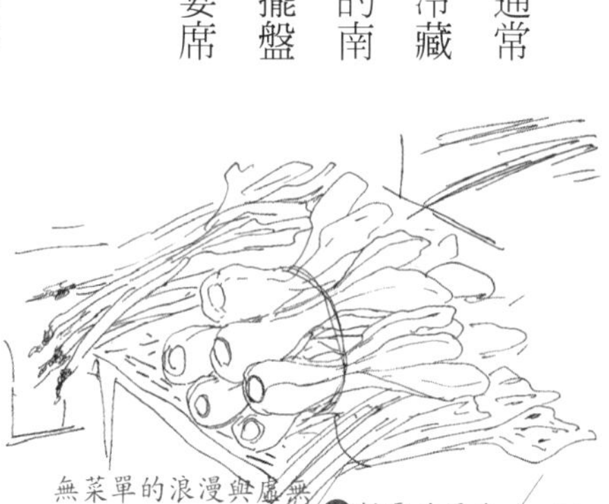

味融入，最後下茄子切片，煮熟後起鍋，一道茄片茄泥料理上菜。

邊炒茄子時香味漸漸散發，客人忍不住問：「你在煮什麼？怎麼那麼香呢？快受不了！」

培根炒茄子前後炒快三十分鐘，遇到上菜或客人加菜，擔心燒焦會熄火暫停，或轉微火保溫慢煮，等忙完再回頭繼續處理。那種慢慢來的過程，讓我領悟「出味」、「入味」的火候關係，如何炒蒜不炒焦黑？如何炒出香味、色澤，何時恰到好滋味？炒培根如何煎炒出培根香味？用培根油脂炒香培根瘦肉？如何將茄子炒成泥，炒泥時何時融入炒蒜末、培根肉末，那個先下後下，何時下時機最好？

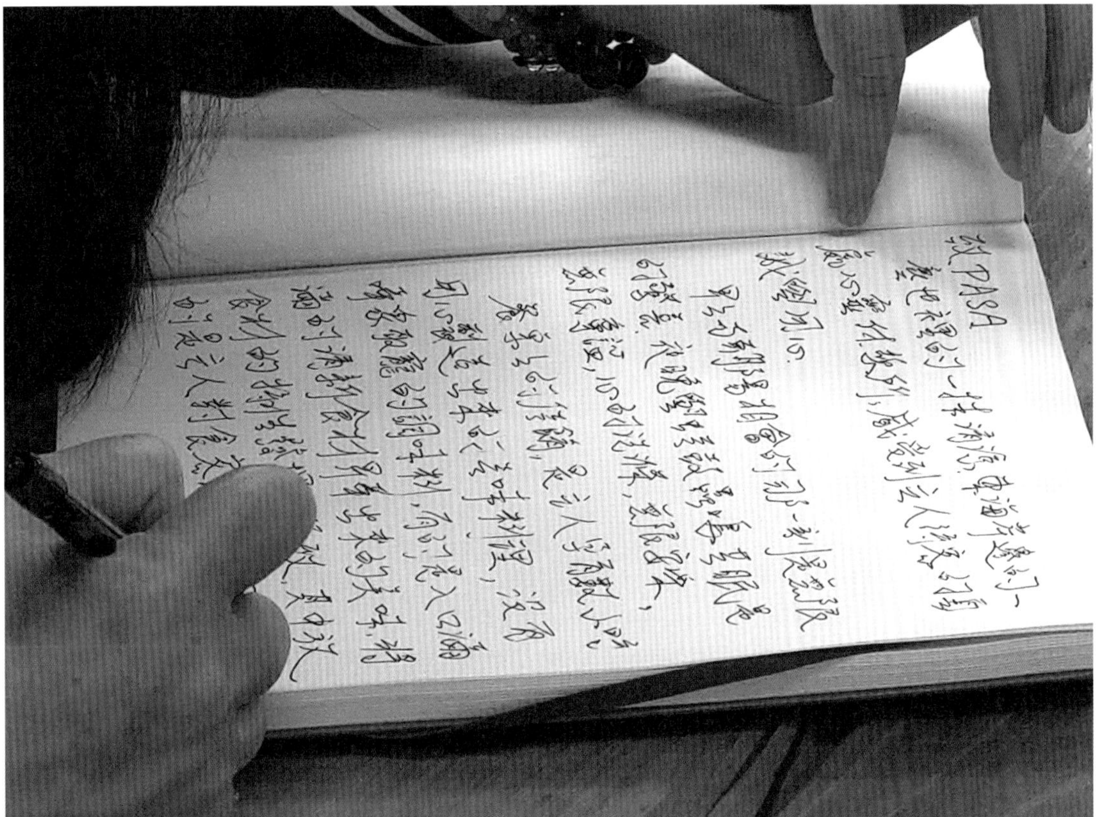

餐後沉思書寫感想

邊炒香氣陣陣飄出，客人一個個嚷著：

「什麼？好香，一定很好吃，你在煮什麼，那麼神祕？」

「我等了二十分鐘，一直聞到香味？不知道你要煮什麼？」

「眞想來一碗白飯，搭茄子泥，一定很下飯！」

「我不吃茄子，眞的太香了，沒有我不喜歡的味道，我第一次吃茄子。」

「沒吃過這樣茄子，有茄子片的口感，又有茄子泥濃郁的風味。」

培根炒茄子，等候客人就坐，出菜用餐後，才臨時想到怎麼做，事先確實沒有食譜，連清晨買茄子時也沒想過。用餐時，一邊出菜一邊構思，向前出菜面對餐桌跟朋友聊天，向後轉身面向爐臺下廚做菜，我在餐桌與爐臺間構思，培根茄子如何切？如何烹調？一直到出菜上桌，這是我遇見的意外的「無菜單狀態」。

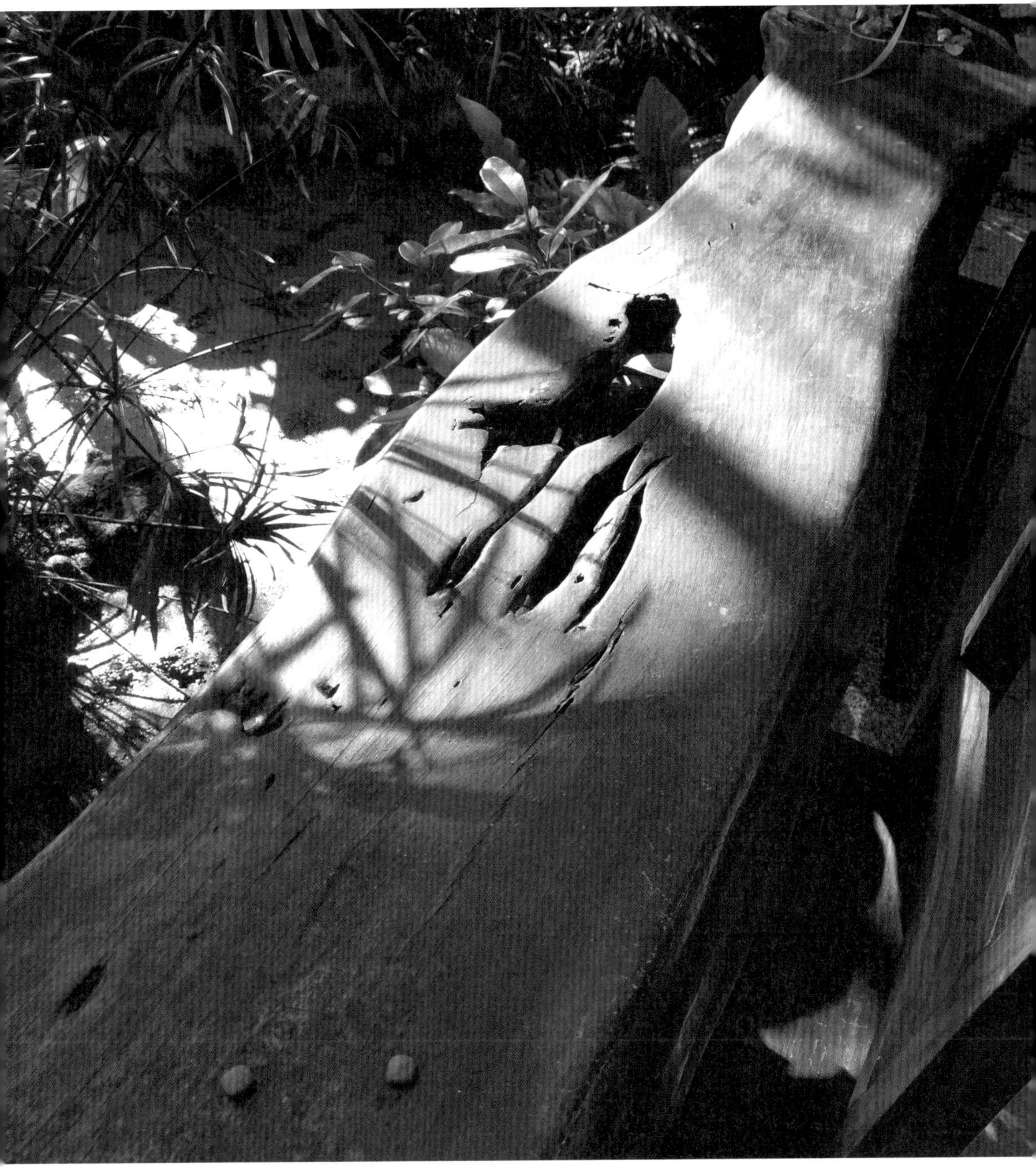

無菜單的浪漫與虛無

來自熱情喜悅的烘蛋

一位四年級小女生說想學，看她專注在每盤沙拉上，擠檸檬、柳橙、百香果汁，注意每盤水果的份量，細數蘋果、水梨、哈密瓜的數量，按照次序平均在上面滴灑果汁，最後仔細檢查過百香果粒果汁數量。休息時問她累不累，額頭出汗卻說：「不累，好熱！」那天晚上，她留下來跟打工換宿的女生小幫手過夜，隔天清晨六點起床，跟著幫手和我一起備料，學做千層派蘋果烘蛋，幫忙削蘋果、切蘋果堆疊、打蛋倒入蛋液到烤盆，一起準備住宿客人的早餐。隔幾天，她父親悄悄傳來圖片，註記「她做的烘蛋！」她回家後幾天，做的是簡易版。

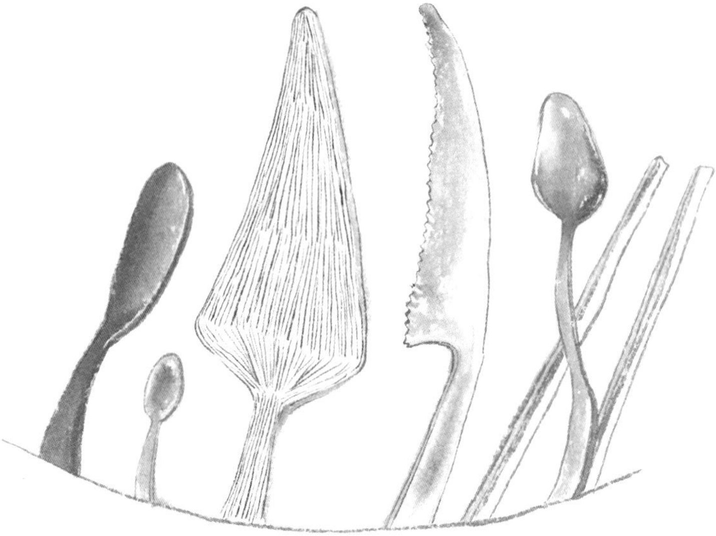

西班牙烘蛋是英國廚藝作家大衛．伊麗莎白推崇的料理，西班牙媽媽做法將前夜吃不完的烤肉剩菜切碎，打蛋將剩菜碎肉加入，再加上炒碎切番茄一起變成煎蛋。西班牙烘

蛋類似臺灣家常菜如蔥蛋、菜脯蛋、九層塔煎蛋、番茄炒蛋。從西班牙烘蛋食譜拆解改造，原先用平底鍋煎蛋，改成千層派做法，把煎改成烤。從傳統的媽媽食譜啓發，拆解架構到逆向思考，顛覆傳統創造新風味做法。

突發異想研發 PASA 烘蛋，深五公分烤盆抹一層橄欖油，底層擺上青蘋果或富士蘋果塊，鋪上煙燻豆皮和起司，灑上一層蔥花或燙煮過切段的甜豆秋葵。打發蛋汁沿烤盆四周繞一圈倒入，淹沒食材三分之二高，鋪上薄切蘋果片，再一層小番茄切片，再加一層起司，覆蓋整個烤盆。中溫燜烤約二十分鐘，烤盆邊緣出現滾燙水泡，表層起司烤出焦黃色澤，取出靜置一小時候切開如千層派。PASA 烘蛋的關鍵滋味，調和富士和青蘋果酸甜入味，小番茄與起司焗烤產生鮮美滋味，融合煙燻豆皮或 PASA 肉醬，創造千層派的層次風味。

烘蛋食材可以放進花椰菜、紅蘿蔔、馬鈴薯、鷹嘴豆等，有些食材要燙熟切片條絲再放，避免無法烤熟，若有菇類先炒過收乾，避免新鮮菇類烘烤水分散發，造成烘蛋無法凝結。如同旋律變奏，裡面食材可以自由變化，昨夜的烤肉切碎、鹹鴨蛋、筍絲、木耳、碎香腸等冰箱裡剩餘食材。

烘蛋如樂曲旋律輕鬆揮灑，放貝多芬「田園交響曲」，紅蘿蔔整塊燙煮後切絲、芭蕉切薄片、甜豆、皇帝豆燙過段切一公分，喜歡黑橄欖切碎灑些，鷹嘴豆泥或罐頭鷹嘴豆鋪一層，中間可以揮灑一點點異國香料。蔬菜變奏元素在於增加烘蛋層次感，紅蘿蔔產生獨特甜味、芭蕉酸甜感、甜豆脆甜感、皇帝豆氣息、黑橄欖滋味、鷹嘴豆風味，把自己想像成樂團指揮，指這比那，完成一首樂曲演奏。

烘蛋變奏，俏皮如遊戲曲風，放「小巫師」，帶著孩子一起玩烘蛋，放些小孩喜歡的蘇打餅夾心餅乾壓碎片、碎巧克力餡餅乾、核桃烤過拌過蜂蜜、蜜蘋果、葡萄乾芒果乾浸檸檬汁變軟後瀝乾切小塊＋碎巧克力等，中間參雜燙煮紅蘿蔔蔬菜絲花椰菜等和豆皮，讓孩子學著把做菜當遊戲。烘蛋可以彈性變化，將昨夜剩菜烤肉或乾的蔬菜，切碎，一層層灑在蘋果上，過程可以跟孩子討論怎麼擺放順序如何，堆疊次序可以自由調配，出爐品嚐再討論下次如何改進。

烘蛋變化隨著族群文化變遷，北歐放鯷魚取代煙燻豆皮，韓國放大頭菜蘿蔔泡菜，泰國加酸辣食材，日本放納豆，只要我喜歡有什麼不可以，喜歡也可放榴槤。Wee 娜來自馬來西亞，在 PASA 打工時學習製作烘蛋，她回家後用自己的想法製作。碗裡放少許芝麻油，放入蘋果塊再放切成條狀的墨西哥麵皮一層，加入少許起司覆蓋，再放點蔥花，烤軟地瓜去皮蓋在蔥花上，放一層蒸熟切碎的魚餅，再倒入剩下蛋液，蓋上一層番茄，番茄上再一層切達起司焗烤，這是馬來西亞變奏版烘蛋。

廣州客人帶九歲男孩來住宿用餐後，回去後用微信來訊，父親捎來孩子做餐照片，小男孩在家裡廚房裡做番茄四重奏，父親來信說：「他說想做菜，要我帶他去買菜，他憑記憶看你做菜的樣子，買了番茄、洋蔥、絞肉等等，學著你做番茄料理模樣，謝謝你，給我孩子一個學習機會，雖然沒你的好吃，但是我很喜歡，很開心。」

女孩和男孩才九、十歲上下，約小三小四年級，讓我驚訝他們做菜時的熱情和專注。突然想起，英國名廚 Jamie Oliver 說：

「缺乏喜悅熱情，沒有 Happiness 的料理，再好的廚藝都不好吃。好吃料理，必須充滿熱情和浪漫。」

朋友傳來招待所下廚圖像和訊息，那天教女孩做菜的現場照片，我跟那女孩一樣，眼神動作專注在廚桌上的每盤料理，如那女孩一樣專注忘我，全心全力看著廚桌上的每一盤菜餚。讓我佩服是廣州小男孩，只是一旁看著，他沒問太多，也沒動手學做，只是簡單好奇問：「這是什麼？怎麼做？」連我都忘記他看著我下廚做番茄四重奏的事，看到他在家裡挖番茄備料的照片，才想起他站在一旁觀看。

從西班牙烘蛋的解構與建構

記得那天準備客人預約的晚餐，小男孩突然靠近靜靜站在一旁，偶爾問些備料問題，我簡單說明回答。製作「番茄四重奏」時，看見助手正在填番茄塞肉醬，他問：

「這是什麼肉醬呢？怎麼做？」

我拿事先炒好冷藏備用的肉醬給他聞，簡要說明肉醬做法：

「洋蔥切碎丁，小火炒出焦糖香味後，再和醃檸檬、絞肉、香料拌炒。」

拿醃檸檬、幾種香料給他聞一下，挖一點肉醬讓他嚐嚐，讓他比對製作前與上桌正式出菜後的滋味變化。他沒提想學試做，只是旁觀助手把番茄切開口，挖空番茄，塞肉醬加點起司、豆腐，再用起司封口，進烤箱焗烤。他沒看到製作肉醬整個過程，一直到上桌，他和家人一起品嚐。當他返回廣州後，開口要父親帶他去買菜，想像如何動手作肉醬，親手挑戰製作困難度很高的番茄四重奏，讓我非常佩服小男孩勇敢挑戰的熱情和認眞。

讓我驚喜和有趣，一道食譜的熱情和浪漫，竟然透過男孩的廚房經驗和記憶，從臺東旅行到廣州，哪天加上他的廚藝成長變化，變成另外一道經典料理，在另外一個地方繼續旅行，或許他會教別人如何做，食譜繼續流浪到他鄉。

Jamie Oliver 的美食節目，常常穿插他到義大利、希臘、北非、琉球等各地探訪鄉村料

理的場景，拍攝他跟老媽媽們學習在地傳統菜餚的情境，一道異國食譜經過 Jamie 變化成另一道食譜，在英國流傳，隨著節目轉播到美洲、歐洲、非洲、亞洲，也許有人將播出節目食譜，變化成餐廳或家中的一道料理，這是食譜旅行的傳奇故事。

二〇〇七年電視臺來採訪，拍攝我教鄰居小學生做義大利麵，帶著小二小三孩子們到菜園，採集山芹、角菜、薄荷和菠菜等，用德國攪拌機打成菜泥，再逐步添加麵粉到菜

六歲女孩波妞學做烘蛋

泥裡，繼續攪拌，讓菜泥跟麵粉打成綠色麵團，在義大利製麵機裡變成綠麵條。那年住在都蘭山林中，三、四百公尺高荒野農舍中，餐廳廚房只是幾根木柱頂著簡陋油毛氈屋頂的小涼亭，一排老舊二手水槽、瓦斯爐和二塊漂流木板拼湊的餐桌，空蕩蕩四周種植香蕉、姑婆芋、香草、野菜的庭園。

克難在桌邊固定好義大利製麵機，用一片撿來大理石板當工作臺面，讓孩子們學習壓麵皮，不斷對摺捲壓成麵皮，讓手搖製麵機捲進去，手搖桿不斷往前轉，麵皮不斷被捲進去，變成薄薄麵皮餅，再對摺再往前捲動，孩子們覺得有趣搶著玩，排隊輪流玩捲麵皮遊戲，最後用切麵器切麵皮變成麵條，當麵條一條條滑出來，孩子們歡呼又搶著玩下去。我在一旁教媽媽，炒碎洋蔥、紅蘿蔔丁和絞肉，製作臺式義大利麵醬，媽媽們熟悉家事一說就會，材料一擺她們就忙起來，三二下備好料，等燒水下鍋煮麵，一碗碗麵上桌，孩子們靜靜開心用餐，也許自己做的麵條，滋味格外好吃，歡樂表情洋溢在他們臉上。

「一步一腳印發現新臺灣」電視節目採訪記者吳安琪說：

「我可以學做嗎？好像很好玩？」挽起袖子下場玩起製麵機說：

「回家，我想買製麵機，跟女兒玩玩，自己做麵條，好像很簡單。我沒想到做義大利麵，這麼簡單！又好玩，看到孩子們那麼開心！如果我跟女兒，一起在廚房做義大利

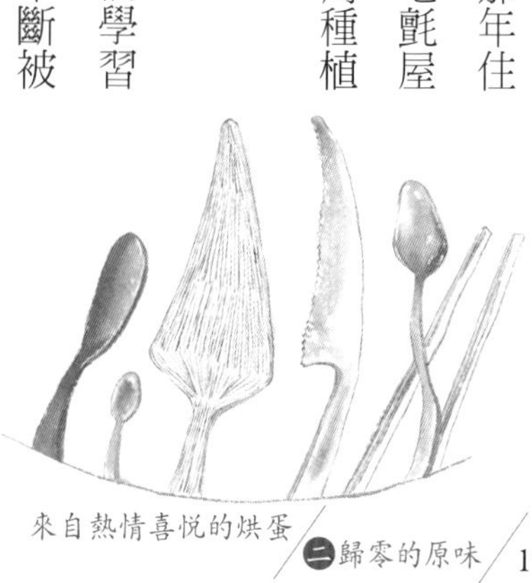

麵，熬煮醬汁，全家人一起用餐，一定很快樂！」

「回去，可以找本義大利麵食譜參考，翻翻看，找喜歡的麵條配方和醬汁食譜，跟著做，有些材料找不到，選擇替代性食材，做二、三次熟悉後，隨時重新調整食譜配方，做出自己和家人喜歡的滋味。重要是，做自己喜歡的味道，不一定百分百跟著食譜走。剛才的蔬菜絞肉醬汁，是媽媽們即興發揮的，妳也嚐過，很有趣的滋味，大家喜歡就好。」

那段時間剛遷徙第二棟農舍，每月邀約一次鄰居家人小孩，到山上農舍涼亭聚餐，事先升火燻烤大骨肉或豬腳等，等他們來到，大家一起做麵做菜餚，媽媽們帶些菜園自己種或鄰居種的菜來。孩子們在花園裡玩貓狗摘花草，東奔西跑，家長們一起聊天，三兩下幫忙煮麵炒菜上桌後，小孩找他們喜歡的石頭坐著吃，大人一桌邊吃邊聊天熱鬧烘烘。一場鄉村饗宴開始，類似義大利、西班牙、南法鄉間家庭親友聚餐，在樹蔭下拉開長桌，鋪上白桌巾杯盤刀叉，幾位媽媽婆婆各自端出拿手料理，一盤一盤輪流傳遞，每個人拿取放在盤裡，轉給隔壁往下傳過去，隨興品嚐舉杯聊天，一場饗

當烤盆邊緣滾燙時

宴從下午慢慢吃慢慢聊天到黃昏入夜，點燃燭火在夜色低垂閃耀，歡樂笑聲隨風飄揚。

記者在「PASA 廚房 PASA kitchen」部落格臉書，看見那間簡陋克難的涼亭廚房，看見小孩採野菜、認真擀麵皮、開心吃麵、庭園玩樂等生活圖像，覺得好奇有趣，怎麼會有這麼輕鬆自在、綠意盎然的自然餐廳，來信邀約專題採訪。採訪後記者說：

「沒想到，在遙遠臺東山林中竟然有如此自在悠閒人生，沒想到，在這麼簡單、似乎沒什麼涼亭裡，竟然隱藏著令人感動的『療癒廚房』。真的，你能創造如此療癒空間，我很喜歡，很開心看到聽到鄰居和孩子們的歡樂聲。」

攝影師拍攝到，一間荒郊野外的涼亭廚房，一群小一、小二、小三女孩，歡樂笑聲在山林間迴盪，四周穿透的開放廚房，環繞香蕉樹熱帶美人蕉，孩子們在花園裡奔跑遊戲，一起做麵條一起用餐，大人也在樹下乘涼用餐聊天。記者說：「你的涼亭，是我拍過最有趣的餐廳，沒想到你用這麼簡陋、克難的爐具，做出這麼有趣好吃的料理。」

那段草創歲月的簡陋涼亭，異想不到，蓋涼亭只是休閒，煮咖啡、看書、寫作，朋友來當客桌聊天喝咖啡，沒想過當餐桌，朋友帶酒來小酌下廚變成餐廳，最後，我也在這涼亭裡，變成廚師，這些是連自己感到意外的出走人生，做出的創意菜餚，是沒想過的驚喜。

孩子們搶著做麵條的欣喜

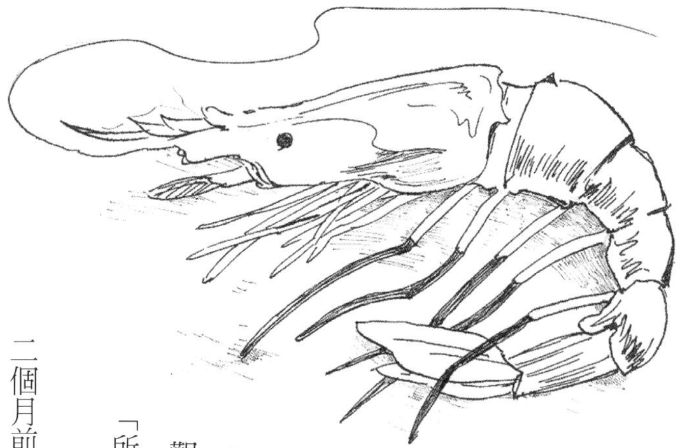

蘋果起司明蝦的想像

那天，起司蘋果明蝦、青醬魚排，讓比利時夫妻感到驚喜，Eric 說：「我沒吃過，用起司、蘋果結合明蝦，我感到驚喜。明年我會再來，我會告訴我的朋友，這裡的料理非常美妙。」

夫妻離開前開心邀約合照。

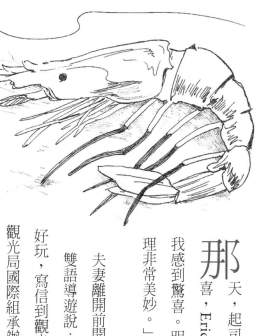

雙語導遊說：「他們參加歐洲臺灣旅展，抱怨 DM 行程不好玩，寫信到觀光局追問，有沒有比較值得推薦的行程。」

觀光局國際組承辦人向他們推薦這裡，她說：

「所以，你肩負旅遊外交與美食的重任！」

二個月前，觀光局國外處來電：

「他是著名比利時旅遊部落客，走訪旅展覺得臺灣行程不怎麼吸引人，來信希望觀光局推薦有趣吸引人的行程。我們上網搜尋風景規劃行程和美食餐廳，在旅遊雜誌和電視美食節目報導中，尋找創意風格料理，同事上網看過電視臺採訪節目，我們討論過你的美食創意的相關介紹，決定挑選你。」

問：「他們喜歡吃什麼？什麼不吃呢？」

觀光局說：「他們有一位吃素，但是可以吃魚，另一位吃肉。在歐洲素食者有些是可以吃魚蝦等白肉，他們不吃紅肉，紅肉是指牛羊豬等紅肉。」

確認他們可以吃魚蝦，擬出大致食材菜單傳給對方認可。

追問：「你們爲什麼找我呢？還有很多卓越優秀的餐廳呢？」

她：「他們是歐洲老饕，臺灣再出色的法國、義大利料理，或米其林餐廳，對他們沒有吸引力。中式餐廳出名的大概米其林或美食書都有介紹過，他們大概也知道。我們必須找有在地特色，還要有創意風格的料理。我聽說，東海岸風景管理處同仁在臺東招待外賓，常去過你那裡，幾位處長提過你的料理特色，上網看過電視美食旅遊節目採訪你，還有你寫的書。猜想你的創意特色，應該可以吸引他們，那就拜託你！」

蘋果起司明蝦，是二〇一三年，去臺南擔任駐店主廚時，意外想到的創意料理。某天逛佳里菜市場，買菜聊天時認識「青年商店」小老闆，邀約我跟他回家，他們在佳里鎮經營食材行，一間間冷凍冷藏貨櫃冰庫排列一起，有數臺冷凍藏貨車，每天固定路線送貨，專門供應新營、學甲、漚汪、七股、鹽水、麻豆、善化、玉井等北臺南各鄉鎮餐廳叫貨，他們販賣蔬菜魚肉各種食材，連辦桌酒席食材樣樣都有。

聊天時，他拿出大尾明蝦給我，分五隻裝、四隻、三隻裝，和各種冷凍高級海鮮食材。廚師職業本能，常常到處尋找食材，構思如何處理烹調，做些新料理。五隻裝是一般婚禮宴席用，通常一人一隻，兩盒剛好一桌十人剛好，臺式餐宴大蝦是蒸熟或裹粉油炸淋上醬汁上菜。採用三隻裝，是五隻裝長度兩倍的大蝦，當主菜發揮。

那天臨時想，淺淺下刀切開大蝦背部，去除沙泥腸，頭部背部泥腸位置縫隙處，塞進一根蘆筍，最後在縫隙蘆筍上鋪上一層起司。焗烤過程中，整隻蝦肉封在蝦殼和起司裡面，不會因熱烤失去水分，讓蝦肉保持彈性和水分。一般喜宴炸明蝦，背部去泥腸保留縫隙，讓蝦肉快速炸熟起鍋，淋上醬汁調味出菜，背部縫隙容易失去水分而略顯乾硬，卓越廚師能夠拿捏油溫，下鍋火候快落快起，掌握蝦肉鮮甜脆彈。

來自比利時美食行家Eric，對蘋果起司明蝦讚不絕口說：

「I never eat this before! It's real delicious! You are excellent.」

他太太追問：

「蘋果、起司、蝦子放在一起，竟然產生美妙的滋味呢？這是很有創意的組合！蘋果酸甜滋味跟蝦肉很搭配！」

「蘋果起司明蝦」讓他們夫妻驚訝，起司和蘋果是他們常見常用的食材，為何在他們的世界旅遊中，未曾遇見廚師運用類似手法？讓他們夫妻產生如此驚喜！

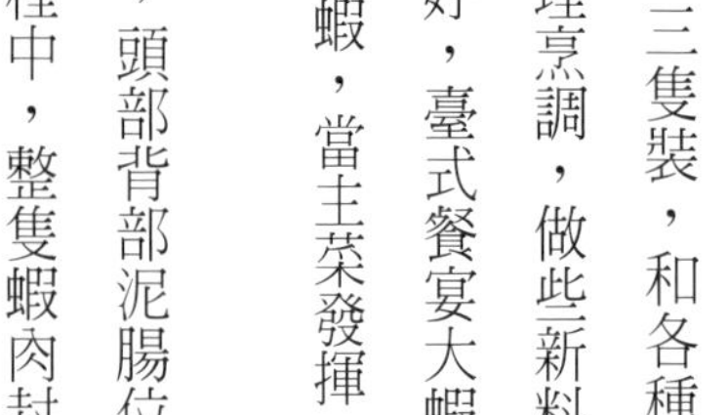

蘋果起司明蝦

客人的讚美讓我思考，爲何西方廚師沒想到？

歐洲人品嚐起司經驗，非常平常，搭配沙拉！搭配麵包！紅酒！

他們用來做菜，沙拉、煎蛋、烘焙、燉菜、醬汁常用。

烤魚馬鈴薯蔬菜等上面鋪一層起司烤。

他們太熟悉，習以爲常，沒想過拿來搭別種食材？

我呢？只是料理的outsider一個旅人意外在出走路途上發現！

那幾年學習用起司做菜，從焗烤料理手法，發現起司溶解覆蓋食物，避免食物烤焦過熟，讓食材保持濕潤。推理，起司覆蓋大明蝦去泥腸的背部縫隙，可避免明蝦烤過熟導致肉質變柴，讓蝦肉保持鮮甜脆彈口感。明蝦去泥腸縫隙裡，用過蘆筍、青醬、柑橘果肉填塞過，後來發現帶微酸甜的蘋果片，非常搭，採用酸味青蘋果或酸甜味的富士蘋果都佳，華盛頓蘋果太甜則不適合，後來客人品嚐後，反映越來越好，就定調蘋果起司明蝦食譜。這道起司蘋果明蝦，從發想、修改、調整到定調，一、二年後列入招牌料理。

蝦肉搭微酸甜蘋果，讓饕客們讚不絕口，他們好奇問：

「你怎麼知道蘋果搭蝦肉那麼好吃呢？起司也很搭呢？」

「直覺罷！」我這麼想。

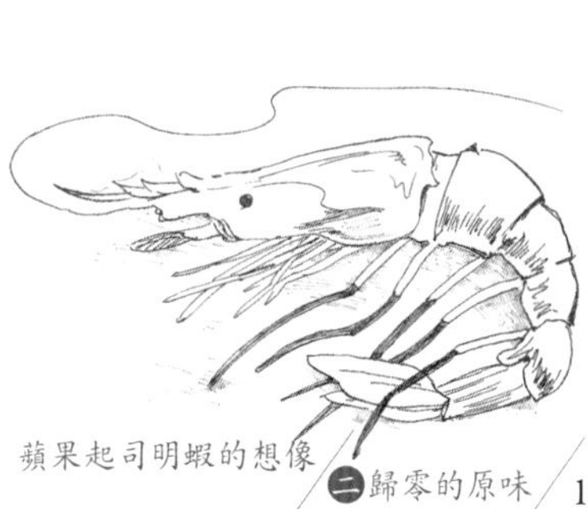

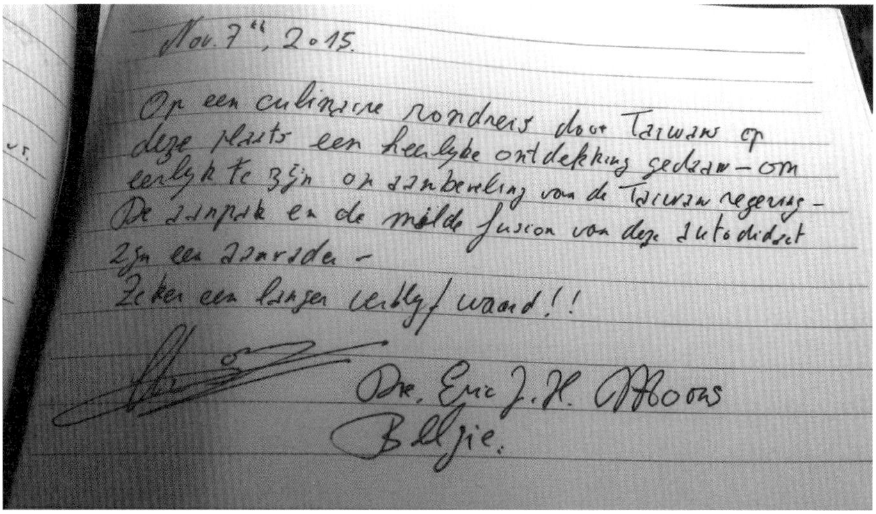

Nov. 7th, 2015.

Op een culinaire rondreis door Taiwan op deze plaats een heerlijke ontdekking gedaan — om eerlijk te zijn op aanbeveling van de Taiwan regering.
De aanpak en de milde fusion van deze autodidact zijn een aanrader.
Zeker een langer verblijf waard!!

Dr. Eric J.H. Moons
Belgie.

來自比利時美食家留言

PASA

第三篇 相遇在舌尖

布列松人生場景

在人生旅途中，意外下廚做菜，二〇一〇年動筆寫書《漫滋慢味 PASA 廚房》，敘述流浪山林農舍蓋涼亭廚房，意外當廚師的人生感觸，那不是寫料理，是敘述人生轉折的漂泊滋味，最後竟然寫出創意食譜。書中文字描寫無所事事玩料理，夾雜敘述下廚故事，談餐桌人生品味，料理是借題發揮的題材，敘述是人生感悟的滋味。一邊回顧人生轉折起落，一邊對映山林自由自在，一切思緒若即若離隨風飄移，在廚房閱讀書寫人生來去感觸，書桌變餐桌的哲學辯證。料理情境當下，是存在主義者是虛無過客，一旦餐桌上孩子們開心笑聲在山林間飄盪，彷彿教堂鐘聲成爲人生最後的救贖，瞬間似乎是牧師傳道人。等待客人散去，熱鬧烘烘的農舍涼亭恢復空無寧靜，變成避世隱居的修練場。

追憶高中三年，似懂非懂讀過尼采、叔本華、齊克果、沙特等書籍，中年後領悟「浪漫」與「徬徨」，是存在與虛無之間雙向辯證意義，徬徨來自浪漫，浪漫帶來徬徨。

徬徨，成爲一生不斷往前走的追尋動力，回顧職場經歷，似乎平淡無奇。那天閱讀布列松傳記時，恍然大悟，當他抓住相機，在街頭漫遊等候光影凝結的瞬間，他繼續往前走，追尋下一個人生場景，等待按下快門那一刻。他出走尋找生命意義，遠離巴黎前往坦桑尼亞，展開漫遊歐洲美洲到印度亞洲的一連串旅途追尋，造就他成爲攝影家之路。若沒有勇敢選擇出走，留在浪漫巴黎學畫，也許只是普通畫家的布列松，而非傑出攝影家的布列松。那個出走抉擇，讓他面對未知的徬徨，遇見意外的相機，讓他跨越他的時代，從此不斷接受挑戰，跨越自我，跨越國度，在印度、在美國、在中國、在非洲大地，見證他的觀感，在相機的框框裡看見世界，抓

2004年剛搬家三年後變成廚師

住片刻光影痕跡，也許徬徨出走，是他成爲攝影大師的過程。

回顧人生旅途上，走過漫長曲折道路，當別人登上山頂上歡呼時，我依然徜徉在漫遊中，欣賞山巒溪谷海岸的美景，堅守徬徨的自由信念，四處遊蕩享受虛無的美感。二十年前落腳臺東，迷戀寫作抒解思緒，瘋狂田野調查尋找故事，追逐人文歷史風光，帶著自我放逐的歡欣，尋訪天涯海角的陌生感觸，心靈感受自由自在的氣息。那段出走歲月，彷彿布列松的攝影追尋，穿越美洲峽谷大地、印度鄉野人群、中國街道人生，捕捉光影凍結的一刻。當我，凝視他的攝影作品，沉思，布列松在抉擇按下快門那瞬間，他依然在徬徨的自由中，不斷行走大地、穿梭街道、遊走人群，持續追尋影像凍結剎那間的意義，捕捉陽光陰影在片刻間交錯的停頓，凝視六十分之一秒、一百二十五分之一秒的存在。

移居臺東鄉村後輾轉遷徙到都蘭山林農舍，從此脫離村落人群，體驗荒野獨居生活，感受自然風雨滋味。漫遊足跡從山林到海岸間，沿著東海岸來回遊走，穿越村落梯田小徑，聆聽部落祭典歌聲，追逐陽光風聲海浪，尋找春夏秋冬印象，無拘無束隨著風土人物景色流轉，十年後才領悟自由與徬徨的情境。隱約感受布列松在印度、中國，每天帶著相機在城市鄉村間，遊走尋找剎那間的凍結影像的片刻意義。確實那種追尋，需要強烈的徬徨慾望，不斷跨越往前走出去，自由自在追尋生命存在的意義。

出走世界邊緣讓心靈更自由

迷失記憶的「飯店」

那年應邀到麻豆，幫朋友創店開餐廳，約定擔任主廚半年，等餐廳營運上軌，廚師訓練上手，料理菜單穩住特色後，我就離開。開店前半年開始籌劃，尋找食材，走遊麻豆、七股、學甲、佳里、善化、鹽水、官田、玉井、新營市集、臺南兵市、批發市場、安平漁港、東石港、布袋港等地。

淡淡晨霧籠罩大地，一條條陌生道路，通往未知鄉鎮田園，在陌生市集徒步漫遊，望著一攤攤果菜魚肉，人來人往的喧譁，不同地方似曾相似的場景，擦身而過魚肉菜販，些許迷惘思緒閃過腦海。有天，逛完鹽水，奔往七股，公路兩旁稻田、菜園、果園擦身而過，在陌生旅途中，尋思新餐廳的料理菜單。

那天經過鄉野，突然看見公路上，出現綠底白字「飯店」路牌，往前行駛三公里後，心裡還掛記著那個路牌，怎麼會在荒郊野外出現「飯店」地名？減速靠邊停車迴轉，回到路牌下，瞭望四周一望無際的田園，奇怪是，爲何空曠的鄉野，路邊連房屋、公車站牌都沒有，四周遠處也看不到村落民宅，怎麼會出現孤伶伶的公路標示地名「飯店」？

問很多臺南人，沒人知道，沒人聽過「飯店」地名，二週後，問到鄰近村落老人，才知道那是很久很久以前的老地名。高速公路尚未通車前，「飯店」曾經是臺南平原上，南來北往的交通要道，剛好座落在鹽水附近，周圍環繞新營、善化、學甲、七股、麻豆、官田等七八個山海鄉鎮的往來交通要道。山邊物產水果農作與海邊虱目魚蝦貝類，以

及外地進來的民生用品雜貨，往來運輸經過這裡，再轉運通往各鄉鎮集散地，關鍵點是途經「飯店」，剛好是中午用餐的地方。盤商貨商卡車司機，會在飯店停車休息吃飯，再往前走。很像臺南雲林嘉義高雄屏東省公路旁的貨卡車餐廳，在城鎮郊區外圍一片空地上，搭建鐵皮屋野店供應自助餐、滷肉飯、菜尾湯、虱目魚肚湯、煎魚煎蛋，跑業務貨卡車司機在外面空地停車，進店吃飯，隨即上車出發，往前奔馳。

許多古道小鎮曾經繁榮聚集人潮，如基隆九份金礦、高雄旗山蕉城、臺中東勢山城、新竹竹東小鎮、宜蘭羅東木市、花蓮玉里邊城、林田山林、豐田玉村等城鎮，靠著金礦、伐木、香蕉、香茅油、玉石礦產業，曾經聚集人潮出現電影院、酒家飯店、各行各業繁榮一時。隨著產業興衰蕭條，往往人去樓空，城鎮繁榮景象隨著雲消霧散，有些沒落成爲空城。野店、市集、飯店在人來人往荒野城鎮間，交錯而過，許多料理揚名一時，如同各地廟會慶典歡鬧過後，人去樓空留下一片靜寂。站在荒野公路上，想像昔日繁榮熱鬧的野店，今日剩下一個綠底白字「飯店」路牌，佇立在空曠的田野中。

荒郊野外無人知道的地名

從中亞漂流地中海的燉飯

餐廳在偏遠魚塭中，開店沒多久，隔壁餐廳麵店一家一家收攤關門，因爲鄰近眞理大學招生越來越少，從三千多人降到八百人，數十家自助餐、麵店、咖啡簡餐廳一家一家結束營業，暑假來臨生意會更蕭條。我被邀約到一個荒野魚塭中開店，二百公尺外的 7-Eleven 便利店剛剛結束營業，開店地方曾經是早午餐店，牆壁上還掛著彩色菜餚招牌，各式各樣蛋餅的照片價目表。猜想當年創校開幕，左鄰右舍店家一家家跟著開，三千學生的餐飲市集誕生，早午餐店、自助餐、各式牛排燴飯簡餐廳，甚至PUB小店，變成新興市集。如今學生散去，空蕩蕩餐廳，街景散發著人去樓空的淒涼，在沒落的荒郊野地開店，是出走人生的挑戰。

想像四百年前，這裡是河流池塘遍布的沼澤，大小河流蜿蜒遍布在崎嶇丘陵間，梅花鹿散布河道叢林間，河裡有捕不完的魚蝦，平埔聚落散落在河道沼澤旁的高地上或河旁，就地取材用竹子茅草搭建草舍居住。那時的魚獵採集生活，應該輕鬆富足，河裡魚蝦貝源源不絕，樹林遍布梅花鹿麅族人獵食，偶爾採集野菜蔬果，四處火燒野墾種植小米，等到歲時祭儀日子，村民聚集慶祝熱鬧幾天。

餐廳周圍依然是魚塭遍布，附近有幾條河道交錯穿過，離麻豆市區五公里。曾經是麻豆社族人地區，荷蘭人統治後，隨後是鄭家王朝、清朝移民開墾拓荒，新營、柳營是軍隊屯墾留下的地名。百年前從七股、將軍、學甲開墾養殖虱目魚後，漸漸往內陸發展，開始有人開墾挖掘魚塭，養魚養鴨鵝。麻豆繁榮富庶地方已經開墾殆盡，新移民只好往沼澤地開墾定居，百年前或更早搭草寮砌土角厝居住，俗稱「客仔寮」詞彙，連餐廳門牌印著「客仔寮」的地名，也許是緣分，我是過客廚師，意外來到客地下廚。

剛來四處尋訪食材、市集、供應商，穿梭善化牛墟市集、佳里市場、七股、東石漁港，遊走總爺糖廠日式建築中，歷史光影流過身上，散發異鄉人的迷惘思緒。餐廳座落在「客仔寮」，有股邊城客棧意味，昔日老友尋味問路來訪，穿越魚塭小徑，抱怨路途如荒野迷途，怎會選擇如此荒涼地方開店？邊城旅店如電影龍門客棧，或詩詞裡玉門關外驛站，在那遙遠年代的野店會賣著什麼樣菜餚？

麻豆人抱怨說：「第一次來開車到半路，心想，餐廳怎麼可能在這裡，幾公里路旁四處是魚塭，就放棄折返。第二次終於找到，遇到你們週休沒開店，又回家。第三次才找到！那年母親節，去臺東旅遊想住宿訂餐，你竟然跑去馬祖教人做菜，不在店不營業。這次來到我家附近開店，結果，找了三次才找到，想吃你的餐，還蠻辛苦。你這人，很奇怪，在臺東那麼偏僻的地方開店，好不容易來到臺南，不選麻豆或臺南市區，偏偏選在連麻豆人都找不到的地方，輸給你！也不得不佩服。」

那天一對老農夫妻用餐後，離開前向我鞠躬致謝說：

「謝謝你！你的燉飯，確實好吃，感謝你給我們難忘的回憶。」

問他們怎麼知道這間餐廳，他們說：

「上週鄰居來過說好吃，推薦我們過來嚐嚐。」

問他們住哪裡，他們指著門外二百公尺外魚塭說：

「我們住在你們對面，魚塭旁邊那棟水泥房就是我家。」

望著他們離開，心歡喜想著，在地居民老人小孩開心吃飯的模樣。

有位媽媽每週她帶著幼稚園女兒來，好奇問問，她說：

「幼稚園在附近，她說很喜歡你們的海鮮飯，她來就很開心。」

地中海西班牙海鮮燉飯，跟南法沿海地區、義大利海岸都有類似海鮮燉飯，米究竟何時傳入義大利，跟馬可波羅有關？也許更早，羅馬帝國已經從其他地方引進，出現在中東貿易的路途中，米的傳奇不得而知，歐洲人吃米飯已經有段時間，地中海附近類似海

鮮飯料理應該不少。

希臘時代亞歷山大遠征中亞時，他的軍隊很喜歡巴克特里亞（Bactrian）米食和當時粟特人的抓飯，這道食譜從相當於今天的阿富汗、撒馬爾干，後來傳入馬其頓，十世紀食譜書籍記載這件事，這道食譜流傳在塔吉克人手裡，後來加入果乾、堅果、香料、洋蔥、羊肉。這道抓飯食譜經過二千四百年旅行，從中亞到希臘，又流傳到伊朗，無法查證亞歷山大軍隊吃到的滋味，跟現在差距有多大，但是食譜在時光中旅行，不斷添加變化食材，烹飪手法也越來越細緻，不斷融入地方文化的風味美感。

現代伊朗名廚作家 Najmich Batmanglij 在波斯文書《絲路烹飪：素食之旅》（Silk Road Cooking: A Vegetarian Journey）記錄這道食譜，用奶油炒洋蔥，加羊肉、胡蘿蔔、水煮軟，再加糖、柳橙皮、小豆蔻、孜然、鹽調味後，另外用水加鹽、奶油煮飯後，再倒入羊肉香料高湯拌勻，最後再加上橙花水、番紅花水和堅果，蓋鍋燜熟。

猜想十四、十五世紀奧圖曼帝國與東羅馬帝國戰爭時，應該就有米飯搭羊肉料理，可能每個地方風味不同，使用的香料食材做法也不同。米飯跟海鮮一起煮，只要是靠海民族都會變通運用，從地中海、紅海、印度洋、麻六甲，到南中國海，香港、廣東一帶有廣東粥，都有海鮮粥做法。地中海地區，從西班牙、義大利、北非、摩洛哥、葡萄牙等，都有類似雜煮雜炊的海鮮飯湯等，把不同海鮮漁獲跟米、香料、蔬菜一起煮，應該是海鮮飯發展的緣起。在廚房爐邊熟悉炊煮烹飪的人，輕易隨手拈來，將現有食材煮成一鍋燉飯或湯飯粥，廚師或家庭主婦吃過看過很容易學習上手，每個地方也會因應環境風土食材，加上偏愛香料甜鹹辣口味等等，發展不同的烹調煮法和在地風味。突然想到臘八粥加入龍眼乾、紅豆、大豆、薏仁、花生等等食材，猜想是變來變去變成甜點，是

一道意外出走的食譜。

二〇一三年「麻豆 PASA 廚房」創店時期，推出改良版海鮮燉飯，捨棄西班牙做法，以義大利米麵水煮五分熟，瀝乾放涼備用。蝦子去殼留頭尾、軟絲切圈、蛤等海鮮，用平底鍋先爆香蒜片洋蔥絲，大火快炒海鮮取湯汁，拌炒紅黃青椒絲。取出海鮮蔬菜，下義大利米麵拌炒吸收鍋底湯汁。米麵鋪底烤盤，擺上炒過海鮮蔬菜，灑上匈牙利紅椒粉、小茴香、百里香等香料碎末，鋪上切達起司進烤箱烤熟上菜。

開店二個月後，一位年輕人進來用餐，吃沒幾口，揮手叫我過去問：

「你是主廚嗎？你的海鮮燉飯不及格！我是電視臺美食節目企劃，我去過西班牙、義大利，吃過他們正統的海鮮燉飯，你做的燉飯口感不對，米也不是長米，海鮮食材不對，味道也不對！差很遠！」

改用義大利米麵的海鮮燉飯

我指著屋外熾熱夏日，馬路柏油路面已經冒出熱騰騰蒸氣，說：

「這是臺南，外面熱到馬路冒煙，這裡的氣候環境和在地人，不適合正統西班牙海鮮燉飯。如果用義大利長米、西班牙燉飯米，歐洲人習慣米心帶硬口感，一般臺灣人不習慣，覺得米沒煮熟。另外，本地人不習慣西式香料配方，覺得『番仔味！』常常引起批評。因此我們調整香料配方，改用義大利米麵取代長米，用在地盛產蛤蜊取代淡菜，臺灣或進口的淡菜腥味重，也不適合。臺灣受過日本料理文化影響，對海鮮的新鮮度很敏銳，腥味重的海鮮食材不適合放在燉飯裡，香料配方混合西方與在地口味，不是正統西班牙或義大利風味。」

他露出不屑眼神看著我，也許我的解釋，他不能接受：

「既然是西班牙料理，就要道地，食材就要對，不能隨便改！」

「抱歉！無法讓你滿意，但是我覺得，在臺南這裡，做當地人喜歡的異國料理，不一定要按照正統西式配方和食材。讓你失望，很抱歉！」

進口淡菜解凍後，腥味很重，通常用在西式自助餐，或臺式喜宴的冷盤，淡菜上面添加濃厚五味醬，透過重口味酸鹹甜辣來遮掩淡菜腥味。通常淡菜肉質乾澀難吃，即使在地淡菜也是偏腥，不論做海鮮湯或快炒，講究鮮味的廚師不喜歡淡菜，不得不用時，也是運用各種醬料壓制淡菜的腥味。除非，找到品質非常好的新鮮淡菜，不然寧可不用，

避免淡菜腥味毀掉海鮮燉飯的滋味。

主廚面對客人的責難要求，有時候要做出抉擇，在順從與拒絕間，面對各種挑戰，沒辦法滿足所有饕客的需求。面對客人特別喜好口味，或蠻橫非理性的挑剔，只能微笑了事，當他離開後，我也沒放在心上。一間開在四周魚塭的南部鄉村餐廳，如何讓料理被在地人接受、喜歡，才是這家餐廳存在的理由。如何在西方料理與臺灣滋味，找出混搭又具有風格的料理，吸引周圍鄉間居民來品嚐，才是主廚的職責。節目企劃來探訪，他在尋找夢想的西班牙餐廳，挑選適合他拍攝的美味，那些美味並不適合偏遠臺南鄉下村民。也許他失望，也許他不能瞭解，香料和食譜跨越時空旅行時，在不同地區面對族群文化口味的變遷，產生各種轉化的過程，各種正統、傳統、經典的食譜的進化，也會隨著時空變遷而調整。

蔬食進階版的冰球燉飯

餐廳老闆一再堅持用淡菜，她去過西班牙，覺得淡菜很好吃，理所當然用她吃過的食材。淡菜問題成爲主廚與餐廳老闆對立的導火線，解釋淡菜腥味太重，改用新鮮在地蛤蜊鮮味更好。她依然堅持如同美食節目企劃，偶爾我不在時，她進廚房指揮二廚改用淡菜。半年後我離開，傳出許多風聲，許多料理味道已經變了。很多餐廳常因爲廚師換人滋味跟著改變，除非老闆本身就是廚師，能夠要求大廚、二廚堅守他的食譜作風，或者百年老店堅持祖傳風味。

海鮮料理，只要一丁點海鮮腥臭味，整鍋整盤料理就毀了。當初決定採用蛤蜊，因爲臺南在地養殖，又大又便宜又新鮮，刻意不用鹽調味，直接用蛤蜊裡湯汁鮮鹹入飯調味，這是海鮮燉飯致勝的祕訣。新鮮現點現煮馬上出菜，在滋味火候恰到好處時品嚐，這是吸引在地老夫妻、三歲五歲小孩一口接一口的祕訣，是餐廳迅速吸引客人一來再來的因素。蛤蜊湯或炒蛤蜊是當地熟悉的風味，是大家喜愛的滋味，融入燉飯中加上些許外國香料，產生既熟悉又創新的風味。推論如果西班牙人、義大利人遇到，可能會喜歡變通口味的料理方式，他們會喜歡食譜旅行產生的滋味變化。

許多餐廳爲提高翻桌率，快速點菜快速出菜，討好客人應付隨點需求，往往將名菜拆解成幾道工法，方便二次加熱或先做一半等待，等點單出菜時再快速處理上菜。曾經遇見西班牙餐廳，竟然出現個人份的西班牙海鮮燉飯，小小圓盆裝盛出菜，一吃覺得是二

次微波加熱，上面海鮮似乎事先煮好再放上去，海鮮和燉飯在上菜那一剎那的溫度、滋味、口感都是分離的，缺乏燉菜燉飯炊飯炒飯上桌第一口那種融合一起的口味。

猜想遇到的狀況，餐廳端出來小圓盆，似乎不能夠燉煮一小時，容易燒乾過焦，廚房

改良版蔬食南瓜燉飯

沒那麼小的專用爐火，廚師沒時間同步照顧那麼多道料理，控制同時出菜，推測是煮好一鍋，點菜時挖一盆微波加熱，擺上燙煮好的海鮮，助手可能沒注意海鮮涼了，急忙擺就出菜。

西班牙海鮮燉飯，需要長時間慢火燉煮一、二小時，煮一鍋最少五六人份，到十多人份。鍋子的深度寬度要足夠，讓洋蔥番茄等蔬菜、香料、米、海鮮等依次序下鍋慢火炒拌燉煮，讓食材交互融合入味。在西班牙用餐約二、三小時，點餐後依序出前菜主菜上酒，大約二小時過後，才端出一大鍋海鮮燉飯，那時間剛好香味滋味全部到味，上菜剛好趁熱，大家一起分食，刮完鍋裡空盤時，滋味還在舌尖上流連。

正統海鮮燉飯有固定工序工法，按部就班慢慢來，需要時間把美味融入米飯裡，從「燉」字就可以瞭解需要慢火燉煮，燉飯若追求速食或CP值，一旦變更求快步驟就滋味盡失。不懂爲何西班牙人來臺灣開餐廳的海鮮燉飯，會變得如此？也許廚師換人？還是他放棄堅持，迎合臺灣人要求速食CP值？沒進到廚房看見備料烹調過程，無法知道眞實狀況。

換成我是主廚，我會要求「海鮮燉飯必須事先預約，一鍋二千元四人份，預付餐費，每天限量二鍋，限定時間用餐，請提前到達，過時延誤導致燉飯走味，概不負責。」也

許遇到客人不願久候，不願點一大份，餐廳老闆面臨「餐廳政策」與「經營原則」抉擇，選擇退讓還是堅持到底呢？不能堅持原則，迎合CP值客人要求，改變成小份小盤快速上菜，海鮮燉飯美味盡失，勢必其他料理狀況也會每況愈下，迎合各種不合理要求。

追求CP值快速便利便宜風潮下，將來會出現微波爐餐廳，像便利店的咖哩飯、牛肉燴飯、義大利麵、牛肉麵、炒飯，微波加熱五分鐘出菜，未來餐廳面臨中央廚房化的挑戰，考驗人類味蕾能分辨現煮烹飪滋味，還是微波口味？！

用簡單食材創造燉飯風味

解構與叛逆的料理思想

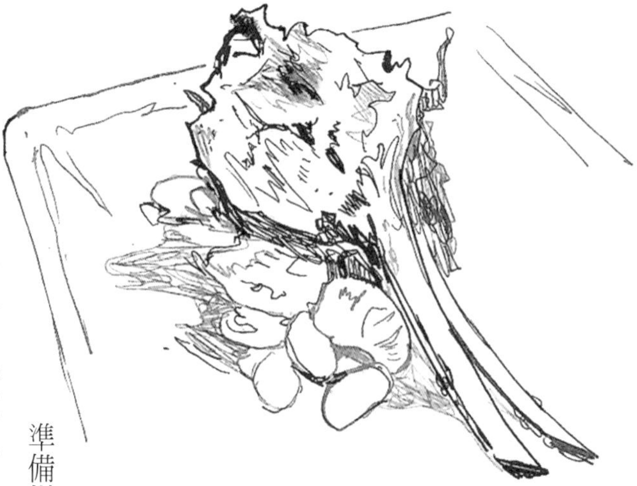

那天臉書傳來訊息，加入好友後，隨後邀約「私廚上菜」，提出到民宿或任何場地，幫主人做菜宴請朋友，或接受團體預約訂餐。他是年輕活力青年，活潑創意十足，四處玩料理。祖父在花蓮海邊賣龍蝦，創下東海岸餐廳奇蹟，父親轉戰花蓮市區，他喜歡料理卻不喜歡待在廚房，觀念穿著時髦穿梭在臺北料理展場合，跟不同廚師接觸，研究不同料理風格。

他創立「HEAT」料理網路平臺，媒介不同廚師對話，從私廚上菜到料理人講座。有天他傳企劃書過來，準備辦場「創意料理人的對話」，他希望二位非餐飲界出身有各自風格的廚師，公開對話談談彼此料理創意和思想。他上網閱讀各種美食報導文章，邀約傑出廚師，參與各種美食主題活動。

「馬克」，原來是化工系碩士出身意外變廚師，在西門町開過餐廳，成功過也失敗過，曾上山下海到處找食材，一度專研手工啤酒，寫專欄談食材與創意料理。他在尋找獨特料理風格，用他擅長化學知識和科技方法呈現食物的滋味。

聆聽他的演講，幻燈投影廚師人生故事，曾爲釀造啤酒上山到森林裡，尋找獨特風味菌種，爲滋味特別費力去釀造獨特醬汁。唸理工科系基因，他的料理方法充滿研究精神，彷彿化學實驗方程式，以精確分析推演料理工法，烹調過程是運算精準的溫控時間等數據。馬克展現跨界廚師的現代風格，在料理創意中注入他學習化工科理精神。他受到當代分子料理科學風潮影響，不斷將料理烹調科學化分析，如化學科學將料理方程式化。

現場約三十多位聽衆，有媒體記者、熱愛料理人、研究所學生，來自中部的展演廚師團隊。馬克做過料理專題研究、參加過料理研討會、發表創意料理論文等，他擅長烹飪專題論述分析，從事教學經營餐廳，自營一家創意風格料理餐廳。演講後跟觀衆對談，論述精準具備科學知識，廚師團隊問專業門檻問題，記者提問分子料理的創意，捕捉新聞焦點。

換我上臺，平鋪直敘隱居山林，如何做菜給朋友吃，後來一連串意外轉折，簡單做菜小故事。敘述個人料理哲學和轉變過程，烹調觀念只是「減法」，減少調味料去尋找食材的「原味」，運用簡單的烹調手法發掘食物的原味。敘述早期從二手克難廚具，因應有什麼做什麼，後來看書思考如何烹調，經過三、五年的摸索經驗累積後，逐漸產生烹飪觀念進化過程，慢慢從一道道自己研發的料理，漸漸建立個人料理觀念。記者追問何種狀況下找問題，尋找創意？專業廚師追問如何發現原味？質疑原味不調味能夠吸引滿足饕客的需求？研究生問如何從簡單烹飪步驟中，創造與眾不同的料理特色等。

眞正吸引聽眾，是示範出菜後，聽眾嚐過料理，三三兩兩聊天問問題。馬克採取舒肥法料理（Sous-Vide），使用時尚流行電熱低溫棒，用保鮮袋抽眞空密封雞胸肉，示範低溫隔水加熱水煮雞胸肉慢慢熟成，同時動手用日式味噌調製個人創意白醬，佐雞胸肉放在法式麵包。觀眾問：

「什麼品牌味噌口味比較好？」

「牛羊豬，搭配什麼味噌醬汁更適合？」

北上之前，請主辦單位傳廚房與烤箱照片，瞭解現場有哪些設備？

沒辦法帶陶製炭烤爐北上，加上時間緊迫，兩個人輪流使用廚房，燻肉需要二、三小時低溫炭火燻烤，不知道改用電烤箱需要多久？溫度效應控制如何？會場的烤箱沒測試也沒用過，烤箱如何控溫燜烤到味都是未知數。提前二小到現場，利用備料時間，且戰且走，因應狀況。三天寄出冷凍燻肉，交代直接放冷藏解凍一天，請主辦單位助手當天上午拿出來，放水槽進行回溫，希望到達現場燻肉已常溫狀態，直接進烤箱低溫慢烤。

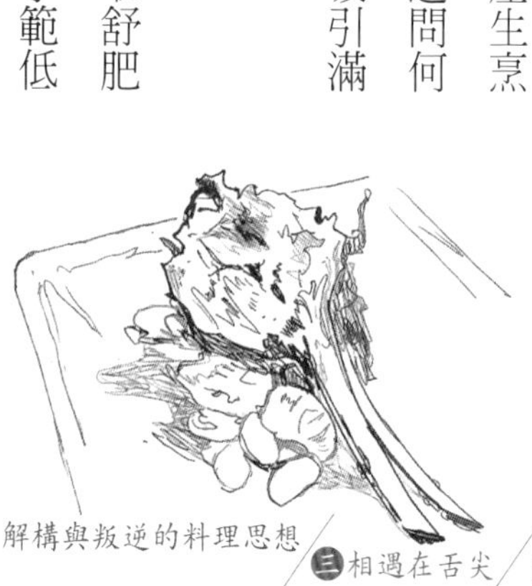

那天到達會場，助理忘記放冷藏室解凍，找半天才發現整塊醃肉還在冷凍庫角落。剩下不到四小時要出菜，燻肉還在冷凍硬塊狀態，拿鍋子立即泡冷水解凍，十分鐘後再套一層鍋子用雙層隔水加熱法，提高外層水溫度到三十度，進行加速解凍程序。肉沒冷藏解凍完成，肉的核心是冰凍狀態，烤箱溫度無法烤透肉塊核心，反而將外圍周邊的肉烤焦，肉質變柴硬，心裡非常擔心第一次改用電烤箱，是否會烤過頭或變質？最麻煩剩下時間不多，整塊肉還在冷凍狀態！

演講前，我忙著，讓外鍋內鍋裡水溫慢慢升溫解凍，擔心水溫過高把肉外層煮熟，肉塊核心還結凍，時而開火加溫，時而熄火等待解凍。馬克帶助手處理雞胸肉，熟練做味噌醬汁。廚臺沒空位，電熱磁爐正在熬煮醬汁，只好拿飲水機熱水，一點點倒入鍋邊，讓水溫慢慢升溫解凍，拿著測

研磨香料醃製燻肉

塔及鍋青醬羊排變奏版

試肉塊溫度的探針，當溫度計測試肉邊的水溫，等溫度下降到十五度，再加熱水攪拌到二十五度，等候溫度下降，再添加熱水加溫維持二十五度。

那種感覺，很像昔日山上農舍，朋友來訪在拼湊鍋碗和二手家用瓦斯爐，不慌不忙慢慢做的心情。也許經歷過種種克難狀況，思緒彷彿隔著一層層紗帳，看著另一個我，冷靜沉默慢慢進行解凍程序。

等到開場前幾分鐘，才將肉塊放入烤箱，設定攝氏一百一十度，啓動旋風烤箱讓熱流慢慢烘熟。馬克先上臺演講，我一邊旁聽一邊烤肉，每十分、十五分鐘到廚房察看翻動燻肉，時而熄火靜置五分鐘再開火烤，來來回回開開關關調整溫度進行烤箱內解凍實驗。當時心裡七上八下，擔心燻肉烤失敗，過熟柴硬或太生不熟，甚至中心部位還結冰。各種意外狀況和失敗因素糾結一起，這些變數讓人很焦慮。事後回想，如何解決各種意外，也是鍛鍊廚藝必須面對的挑戰過程。

當時異常冷靜，聆聽馬克講解他的廚藝起步、人生轉折、從玩票到專職投入，大量閱讀分子料理書籍，掌握食材烹飪的各種技巧知識，不斷提昇自己的料理觀念和方法。我一邊聽講，一邊來來去去觀察燻肉的變化，最後用溫度計探針測試，核心六十五度，周圍七十度決定離火靜置熟成。

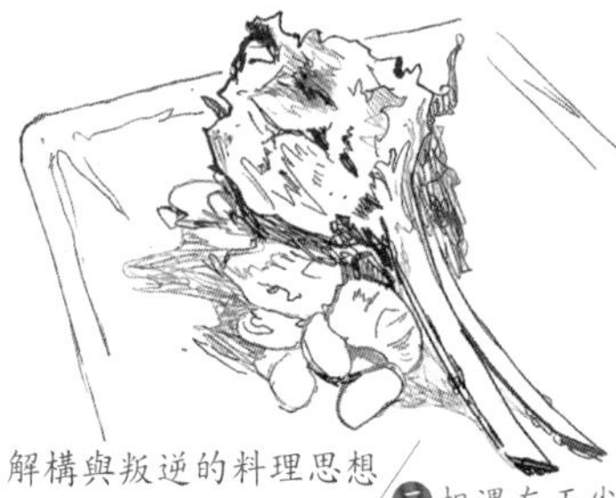

幻燈演講結束後，換我出場，講解將整塊豬梅花肉，四周裹上匈牙利紅椒粉、巴西里、黑胡椒、小茴香、洋香菜、普羅旺斯香草粉等加上些許玫瑰鹽，抽眞空放冷藏三天熟成後再低溫慢烤。講完時，燻肉已經靜置一個小時，切開片肉時，肉汁沒流出，保持鮮嫩粉紅色澤，包裹肉塊外層的香料伴隨些許肉汁變成蘸肉醬汁，聽眾拿一片試吃，又再拿二、三次。廚師團嚐過團過來，問候醃製入味和燻烤火候等問題。記者過來交換名片，聊天約何時來餐廳採訪，馬克旁邊有人圍繞在訪問，他的助手已經收拾工具，晚上有人訂餐，他必須趕回去備料，彼此微微點頭，各自忙著應對，來不及招呼，隨後揮手再見。

研發燜烤海鮮滋味

臨時起義揮刀舞人生

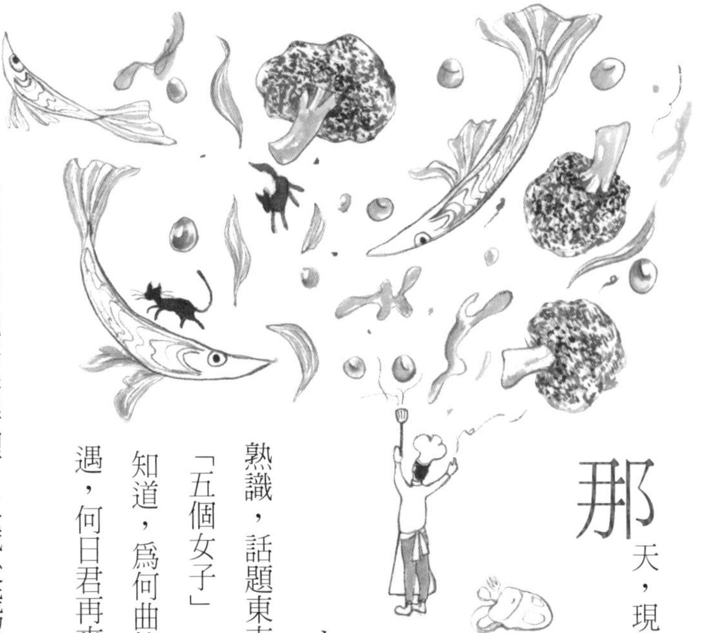

那天，現代中國水墨畫家于彭突然來，說：「帶我去買魚買菜，今晚到朋友家做菜。王城帶蒙古樂手藝術家朋友來。」

三十多年前，臺北巷弄裡小酒吧第一次遇見于彭，他一進門豪爽說：「來一盤Tequila!」香港導演朋友介紹彼此，二杯龍舌蘭熟識，話題東南西北隨意掰。那天據說是營業最後一天，店名「五個女子」，傳說五個女生合開的小酒吧，何時創業開店不知道，爲何曲終人散結束營業，也沒問，也許人生常常不期而遇，何日君再來就隨緣。

酒吧在信義路巷弄裡，二戰後殘留的日式老屋，空蕩蕩赤裸裸屋梁牆壁，DIY創意風格臺，幾張東拼西湊的桌子。那年代流行質樸破舊的波希米亞風，嬉皮文青喜歡找老屋開咖啡館、酒吧、餐廳、工作室，門口沒什麼招牌。店裡流行一盤十二杯二十四杯的龍舌蘭或伏特加，一杯一杯點太慢來不及倒酒，一杯一杯追加記帳也麻煩，不如一桌一盤想喝就拿起乾杯，才是嬉皮文青藝術家俠客喝法。喝完幾盤後，意識茫茫起來後，聽見于彭高喊：「我們今天把店裡的酒，喝光！」忘記喝了多少杯，最後怎麼離開，似乎喝到茫茫然，酒醉斷片後，失去記憶，連他是誰也忘記。

半年後，他開畫展，往後幾年在畫廊見過幾次面，風格屬於現代中國山水畫先驅，是當年新秀畫家。後來各奔東西，他去中國北京上海發展，四處開展遊走天下，成為出色當代中國風畫家。我們屬於一生見面不到十次的朋友，有點熟又不常往來那種，有天突然給你電話後，一小時後出現在你面前。

有天于彭來電：

「我在臺東車站，你有空嗎？能來接我嗎？」

突然帶著妻兒四人，出現在你面前，住二天東聊西聊，然後失蹤不見。

他的朋友，也是剛認識，朋友輾轉介紹，聽過對方名號，卻很少來往。他的朋友的朋友，在都蘭附近蓋農舍，小廚房小住宅二樓客餐廳一樓住宅，一層十幾坪大。他沒去過，新朋友是朋友的朋友推薦剛認識，主人臨時起意熱情邀約說要開趴。于彭找我帶路去市場買菜買魚買肉，他說：「今晚我掌廚，你陪我們吃喝！」他懂吃會下廚，曾經有廚藝高手在他家，負責招待朋友吃喝，確實是快意人生的藝術家。

于彭說起晚宴主人的名字，才想起去過他家，稍早二三年前，他的農舍正在動工，蓋完後沒去過，不知道他是否又蓋新農舍，還是那間十三坪的農機室小別墅。那晚，民歌手王城帶來蒙古樂手歌手舞者，加上北京上海好友們就十幾位，主人邀約十來個當地藝術家參加餐會，差不多快二十多人。出門前想想，可能鍋碗瓢盆不夠用，拿起大湯鍋盆等上車，順手把廚刀工具袋等帶上車，直覺今晚有狀況。出發前再問于彭，到底有多少人？他搖搖頭說不知道，連他和民歌手朋友們多少人，他也不清楚，到現場再說。途中忍不住又問：

「他蓋新農舍嗎？廚房餐廳夠大嗎？還是十三坪那間呢？」

還是迷路，都蘭山鄰近村落岔路很多，錯過一個路口就迷路，最後勞駕主人出來帶路。迷路只相差一個路口，上山時又錯過一個路口，發現錯失二個路口！想想人生旅途似乎如此，錯過二個、三個入口，就會走上另外一個山頭，繼續往前，或退回原路尋找下一個出路！

抵達後，于彭介紹一群北京上海朋友，和蒙古歌舞藝術家們說：

「你去陪北京美女喝酒，這裡我跟羅丹就可以！」

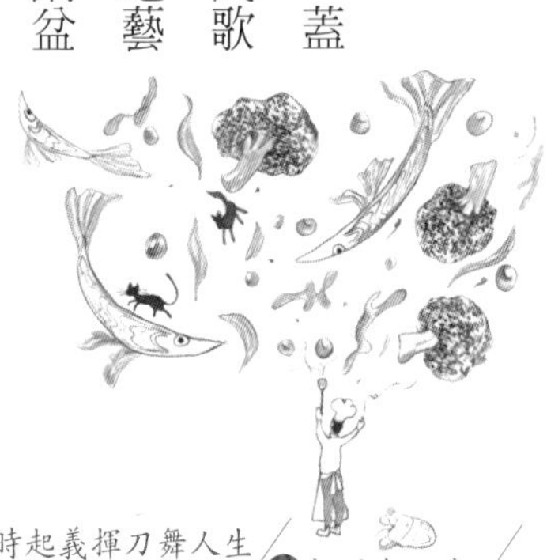

走到沙發區坐下，跟剛認識北京、上海友人，拿杯紅酒寒暄隨興聊，時間一分一分滴滴答答過去。遠遠看去，于彭和羅丹手忙腳亂滿身大汗，小巧精緻的中島型電磁爐廚房，一張大木餐桌，可以坐六個八個客人用餐。新潮電磁爐具操作熟練順手，烹調速度就很快，備料時間夠，準備五人八人用餐不成問題。遇到三十人在等用餐，帶給廚師壓力大，顯得點手忙腳亂。屋外好像人越來越多，這裡開趴常你約我約，一個拉一個，常常三五個人變成八九人用餐。主人豪氣約人，客人又約客人外面又來幾個新客人，傳聞副縣長在路上趕過來。

三坪大的小廚房，應付不了五六十人用餐，晚餐猜想會亂成一團。反正大家是聚聚開心，最後有沒有吃飽不重要，酒夠不夠喝，才是問題所在，看主人桌上三瓶五瓶紅酒，心裡想，酒一定不夠，藝術家們沒有一箱，場面氣氛是擺不平。

讓美食評審羅丹沉思的塔及鍋羊排

走到廚臺旁，于彭忙這忙那，似乎有點亂，羅丹旅居法國多年，熱愛美食懂得下廚，擔任過米其林西餐評審，不曾遇見大隊人馬等候用餐，也急得如熱鍋螞蟻。看他們切菜備料，自告奮勇的幫手一群人擠來擠去，廚房工作臺太小彼此動彈不得，感覺氣氛越來越慌張。忍不住起身走過去伸手摸下，菜刀鈍不堪用，我不動聲色，回車上拿出廚刀組，到客廳餐桌打開，抽出三把刀，北京美女見狀吶喊：

「哇！你出門還帶刀唄！」

微笑：「看兩位大俠忙不行，只好，拔刀相助！」

「唉，那二位王朝馬漢陷入重圍，需要您一品帶刀護衛上前護駕！」

上場說：「于彭，你們休息一下，換我來！」

一位女生搶過來說：「我也幫忙！好嗎？」

「幫我把電磁爐開火調到高溫，等下你幫我削蘋果。」

打開冰箱盤點魚肉食材，清點擱置水槽的蔬菜水果食材，看完所有食材，心裡知道如何，幾道出菜食譜先後順序已經浮現腦海。魚骨湯滾加火升溫，下馬鈴薯、紅蘿蔔、白蘿蔔、豆腐、番茄，滾刀切塊下鍋燉煮，接著處理青菜魚肉，兩位助手上前幫忙備料，二十分鐘後出第一道菜後，每隔十分鐘出一道，旁邊助手幫忙削皮切丁，我負責快刀切肉，刀起刀落切割斷，助手幫忙炒菜出菜，忙一小時後也滿頭大汗，一位美女過來幫忙擦汗，旁邊有人猛拍照，于彭悄悄遞一杯紅酒過來說：

「兄弟！感謝救援，今天辛苦你！感謝你帶刀帶鍋子來，還好你的刀快，你沒來，這場戲掛了，沒輒沒得吃。」

「還好！有預感會出事，帶著刀預防，免得跑回去拿。」

出完菜，我拿杯酒，到旁邊小酌休息，羅丹和北京美女過來。

美女：「謝謝你，大俠拔刀相助，不然糗了！大家就餓著！」

羅丹：「你的功夫了得，這麼短時間，劈哩啪啦橫掃千軍！」

「幸虧，早上于彭買五、六千元魚肉蔬菜，不然今晚也掛了。」

剛回完話，覺得有點累，吃不下，桌上盤盤見底空蕩蕩，覺得主人疏忽大意，十幾人小聚餐，竟然邀約五六十人辦趴，差點開天窗。

喝完紅酒，于彭遞酒過來，直接倒在杯子裡問：

「你沒吃，餓嗎？要不要煮點什麼呢？」

帶來食材已經用完，忙完餐也不餓。

「不用！吃不下，有酒喝就可以！」

帶刀出門隨時出任務

突然民歌手出現，拖著我往前走，屋前空地上升起火，蒙古馬頭琴手正在調音，把我壓在第一排首座，特別挪一張扶手大椅伺候，王城轉身對五十多位觀眾說：

「今天特別感謝大俠拔刀相助，讓我們有豐盛的晚餐。我們請蒙古第一把馬頭琴手，拉首曲子給您，還有舞蹈家表演，感謝您幫忙！」

那晚睡前，在記事本寫下：「揮刀舞菜色，臨時起義。」

隔日清晨寫下感觸「遇見人生料理」

遇見 人生料理

無夢 天涯海角流浪，
無心 隨意隨雲飄蕩。
落腳 都蘭山林農舍，緣分。
放手 涼亭餐桌人生，隨興。
人生料理，手起刀落間，問滋味何在。
料理人生，筆落文飛起，問道理哪裡。
飛刀片肉，理路分明，滋味原在：
鍋鏟飛舞，火候力道，色香飄逸。

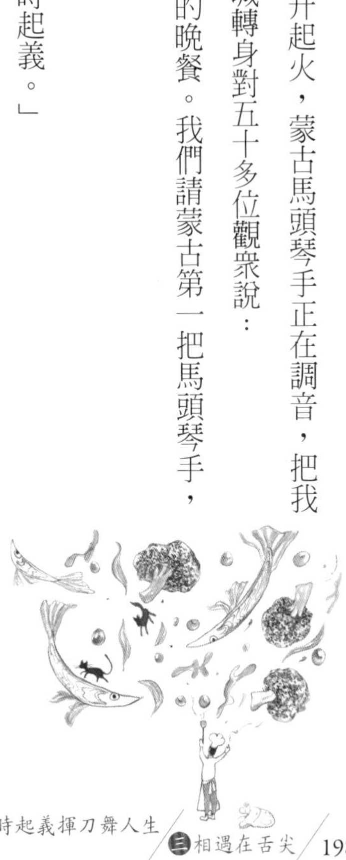

親手琢磨漂流木，餐桌情在空無間，
下廚鍋鏟蔬肉裡，滋味散落人生中。
暫且問，人生如何料理中，料理奈何人生味，
暫莫問，人生滋味何處在，酸甜鹹苦辣澀甘。
浪跡山林，滋味飄渺，頓悟人生苦，
遊走天涯，滋味深藏，來去甘味生。
半百人生識滋味，廚藝流派千萬風味隨風去，
自在當下抓味道，煎熬煮炒炸燜燉烤如雲起。
我是廚師，我非廚師，一場夢，
涼亭廚房，廚房涼亭，一張桌。
桌上人生漂流木，幾張芭蕉綠意葉，
蔬菜肉食桌上空，咖啡書籍意念飛。
我在，我夢，桌上肉蔬天下事，轉眼間空無。
我走，我遊，人生滋味百感集，飄渺間散去。

二〇一四 遇見于彭王城和羅丹

A Wild Kid in between East & West

創立PASA廚房，旅人在留言簿寫下感想，從中文到英文、法文、西班牙文、比利時荷蘭文、德文、南非文、泰文、日文到韓文等。留言讓人醒悟，PASA廚房使用國際烹飪語言，讓各國美食者用文字留下感想。這章篇名讓我感動，英文留言寫下一生評價：「A Wild Kid in between East & West」原來我是東西方之間的野孩子料理，多年後漸漸明白「我是羅賓漢風格的世界邊陲料理人」！

有朋自遠方來，他來自新加坡，路過用餐，留下感言給我：

「Yesterday should be one of my most fabulous, unforgettable nights in my life. Here in Taidong I meet an incredible chief & writer (Mr.Jiang) and a gorgeous lady (Yaxin) by chance.The food made by Mr.Jiang is so natrual and delicious, the view of his restaurant is extremely stunning.

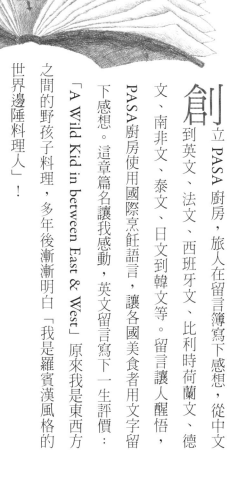

Through talking with Mr.Jiang, I've learn quite a lot things about life especially the concept of 'slow life'. I have better understanding about how to release yourself when you are in heavy burden. Thanks god for this serendipity.」

Minkang Domon Thomas. 2013/12/18

昨天應該是我生命中最難忘的夜晚之一，在臺東，我遇到了一個令人難以置信的主廚和作家 Jiang 和一位美麗的女士 Yaxin，Jiang 先生的食物是如此美味可口，他的餐廳的美景是非常驚人的，通過與 Jiang 先生交談，我學到了很多關於生活，特別是「慢生活」的概念，我更瞭解如何釋放自己當你承受沉重的負擔，感謝上帝的好運。

東蒙・托馬斯 2013/12/18

有天路過 Google 達人，Louis Gremeaux 來自法國，喜歡起司，非常讚美「豆腐起司」和「番茄四重奏」，他覺得這些料理，不輸給臺北米其林法國餐廳，建議我去候布松餐廳嚐嚐，就知道怎麼回事。塞在番茄裡的肉醬，引起他驚奇，拿出肉醬給他品嚐，還拿出醃檸檬給他聞聞，一一解釋肉醬做法，以及番茄塞肉醬焗烤烹調方法，他覺得不可思議。

他更讚美，豆腐加起司焗烤的美味，非常獨特。我們聊了很多，臨走前慎重寫下感言，在記事本上，還說，他是 Google man，回去會寫一篇 PASA 故事，臨走前買一本

《漫滋慢味 PASA 廚房》帶走，要送給女兒。他說，雖然看不懂中文，但是書裡面的圖片，可以感受到料理的滋味和風格。

「最樸素的食材，最平易近人的老闆，
出乎意料的創作，出奇的驚艷，
沒見過的好料理，每一個絕妙的搭配，
原汁原味的鮮，出自於不平凡的手藝，
不認輸的組合，集饕客之大作。
我會想起，在臺東的這一夜～
美食的饗宴

忘了之前來過的理由　林復瑄

This is our firstime visiting this beautiful location.
Tonight we were treated to the most memorable experience
of Chef's meal.
We loved the philosophy and passion, natural ingredients
In a unique setting.
Thank you for the times spent.

By Nick, Tomy, Mike, Roseniary, Kaia

An Artist, A Chef, He is none of both.
But I feel like he conbine both in his cusine.
To me, he is a free artist with full passion,
a wild kid in between East & West,
a natural born artist, dear his own kitchen with
metiaulous style.
You can only feel this when you come to PASA.

Vcal Thereen

這裡的菜色充滿了驚喜，
除了吃得到食物的原汁原味外，
每道菜之間的味道也巧妙合而爲一，
讓人期待著下一道菜會是什麼味道。

Amazing!!!

Pasa, es un excelente Hotely Desayuno.
El doeno de Pasa es un gran Cosineno.
Nos qeecdamos por una noche antes
De in a Isla Verde. La comida feec de

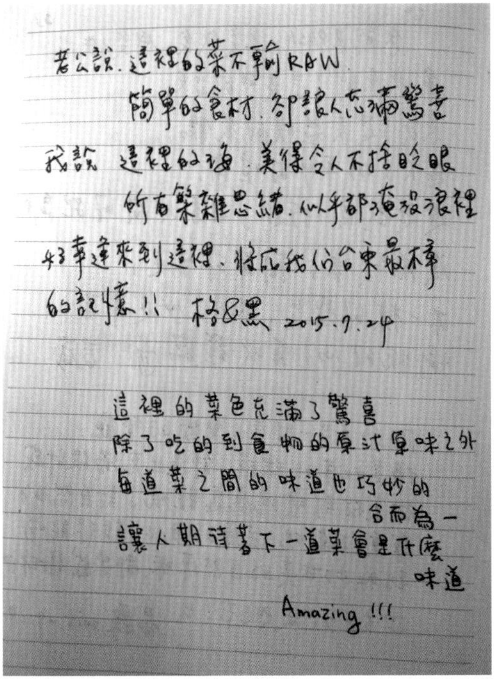
老公說，這裡的菜不輸RAW
簡單的食材，卻讓人充滿驚喜
我說 這裡的海，美得令人不捨眨眼
所有繁雜思緒，似乎都淹沒浪裡
好幸運來到這裡，將成我們今年最棒
的記憶!! 格&黑 2015.7.24

這裡的菜色充滿了驚喜
除了吃的到食物的原汁原味之外
每道菜之間的味道也巧妙的
合而為一
讓人期待著下一道菜會是什麼
味道
Amazing !!!

讓滋味充滿「驚喜」的留言

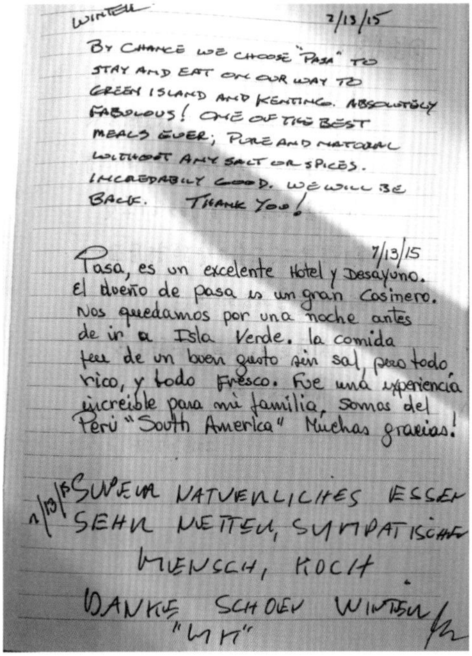
WINTER
7/13/15
BY CHANCE WE CHOOSE "PASA" TO STAY AND EAT ON OUR WAY TO GREEN ISLAND AND KENTING. ABSOLUTELY FABULOUS! ONE OF THE BEST MEALS EVER; PURE AND NATURAL WITHOUT ANY SALT OR SPICES. INCREDIBLY GOOD. WE WILL BE BACK. THANK YOU!

7/13/15
Pasa, es un excelente Hotel y Desayuno. El dueño de pasa es un gran Cosinero. Nos quedamos por una noche antes de ir a Isla Verde. la comida fue de un buen gusto sin sal, pero todo rico, y todo Fresco. Fue una experiencia increíble para mi familia. Somos del Perú "South America" Muchas gracias!

7/13/15 SUPER NATUERLICHES ESSEN
SEHR NETTER, SYMPATISCHER
MENSCH, KOCH
DANKE SCHOEN WINTER
"WH"

南美旅人留下感想

Un boen gceoto sin sal pero todo rico, Y fodo Freso.
Fue una experiencia incredible pasa mi familia, somos del
Peru "South Amrrica" Mchas Gracios

Ongelooflik lekker! Die mees
Ourspronklike kos wat elc nog in Taiwan
Geeet net Sal defnitrf nie die aond vergect nie
Bare dankie!

Tienie

老闆悠閒慢活的生活態度，
充分體驗在食材的運用上，
賦予了食物的眞生命！

Amber

深山裡的魔幻廚房，巫師營造的流動饗宴。
熟悉的食材，另類的呈現，從夕陽西沈至滿天星光。
從山中歸來直似做了一場李伯大夢！

來自新竹的過客

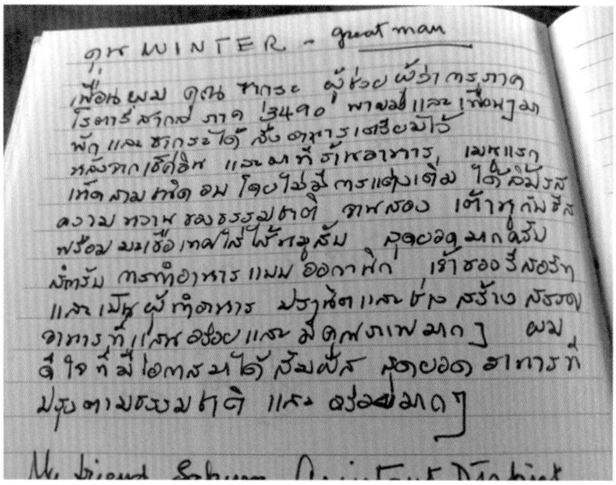

還記得多年前「芭比的盛宴」那種人與人疏離的感覺，
因一場盛宴而喚回彼此失落的情誼。
也許這不是豪華餐廳的裝潢，但食材的原味，
廚師的用心，絕對是一場難忘的經驗。

路過旅人

三年不見，你已經換了一副裝扮，
雖然是熟悉的黑色黑衫，套上一件圍裙。
菜還沒入口，已經嚐出你人生的變化，
我相信，再一個三年，如果你的廚房還在生火，
你的菜，一定又是另外一番滋味了。
因爲你的人生，是無法忍受在原地停留不前的。

Ashie

Compliment to the chef
Every dish was very nice, and clean.
I realy enjoyed the minimal approach.
The meat was superb, and the tomato

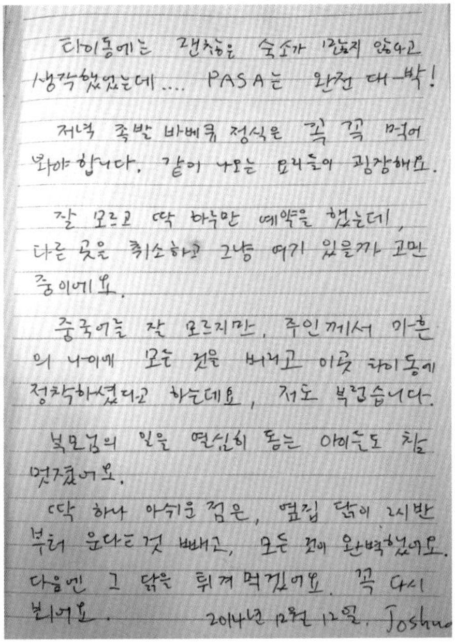
타이동에는 괜찮은 숙소가 많지 않다고
생각했었는데.... PASA는 완전 대-박!

저녁 족발 바베큐 정식은 꼭 꼭 먹어
봐야 합니다. 같이 나오는 요리들이 굉장해요.

잘 모르고 딱 하루만 예약을 했는데,
다른 곳은 취소하고 그냥 여기 있을까 고민
중이에요.

중국어를 잘 모르지만, 주인께서 마흔
의 나이에 모든 것을 버리고 이곳 타이동에
정착하셨다고 하는데요, 저도 부럽습니다.

부모님의 일을 열심히 돕는 아이들도 참
멋지셨어요.

딱 하나 아쉬운 점은, 옆집 닭이 2시반
부터 운다는 것 빼고, 모든 것이 완벽했어요.
다음엔 그 닭을 튀겨 먹겠어요. 꼭 다시
뵈어요. 2014년 12월 12일. Joshua

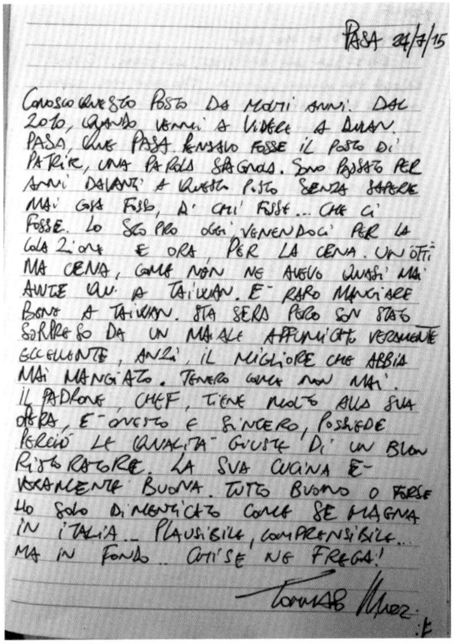
PASA 24/7/15

CONOSCO QUESTO POSTO DA MOLTI ANNI. DAL
2010, QUANDO VENNI A VIVERE A DULAN.
PASA, CHE PASA PENSAVO FOSSE IL POSTO DI
PATRIK, UNA PAROLA SPAGNOLA. SONO PASSATO PER
ANNI DAVANTI A QUESTO POSTO SENZA SAPERE
MAI COSA FOSSE, DI CHI FOSSE... CHE CI
FOSSE. LO SCOPRO OGGI, VENENDOCI PER LA
COLAZIONE E ORA, PER LA CENA. UN OTTI
MA CENA, COME NON NE AVEVO QUASI MAI
AVUTE QUI A TAIWAN. E' RARO MANGIARE
BENE A TAIWAN. STA SERA PERO SON STATO
SORPRESO DA UN MAIALE AFFUMICATO VERAMENTE
ECCELLENTE, ANZI, IL MIGLIORE CHE ABBIA
MAI MANGIATO. TENERO COME NON MAI.
IL PADRONE, CHEF, TIENE MOLTO ALLA SUA
OPERA, E' ONESTO E SINCERO, POSSIEDE
PERCIÒ LE QUALITA' GIUSTE DI UN BUON
RISTORATORE. LA SUA CUCINA E'
VERAMENTE BUONA. TUTTO BUONO O FORSE
HO SOLO DIMENTICATO COME SE MAGNA
IN ITALIA... PLAUSIBILE, COMPRENSIBILE...
MA IN FONDO... CHI SE NE FREGA!

with pork-line was favorite too.
I did not know this place existed until tonight,
and I am happy to have been introduced to this restaurant.
Hope to return soon, keep up the good work.

Kan USA

臺東慢食生活不是一種態度，而是生活的結論分享。
雖然通俗的心得也是一句「好吃」！
但是不是豐富的滋味口感，而是食物的原味，
有多久沒吃到沒有多餘油鹽的食物，
雖然第一口會略爲不習慣，
但是最終的一瓢蘿蔔湯，完美。

若婷

原來我今天吃到的燻烤豬腳
「脆皮」不是「脆」，
而是吃下一口接下來的咀嚼的「時間」，
彷彿到了歐洲恣意旅遊的感覺。

By Rene 2016.5.1

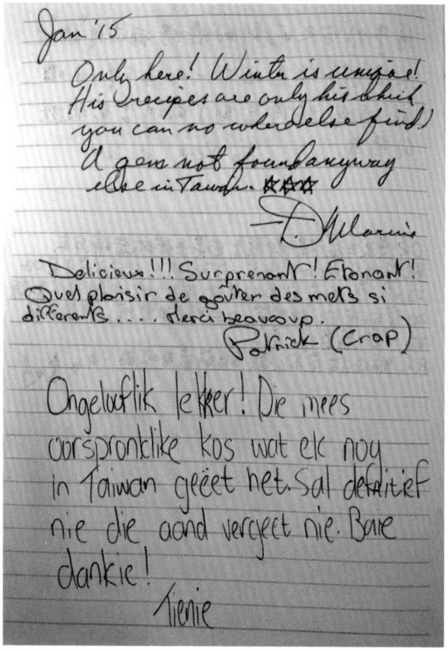
Jan '15
Only here! Winter is unique! His recipes are only his which you can no where else find! A gem not found anyway else in Taiwan. ★★★
D. Marnie

Delicious!!! Surprenant! Etonnant! Quel plaisir de goûter des mets si différents... Merci beaucoup.
Patrick (Crap)

Ongeloflik lekker! Die mees oorspronklike kos wat ek nog in Taiwan geëet het. Sal defnitief nie die aand vergeet nie. Baie dankie!
Tienie

來自世界旅人留下感言，烹飪是人與人之間溝通的語言，滋味感受是心靈與食物的對話。經過多年試煉的 PASA 廚房，用料理物語跟世界旅人交流溝通，廚師烹飪的印記留在短短感言中，慢慢累積昇華成料理哲學。

來自泰國Narong Chivangkur的感想

直覺感受豆腐起司

那年夏天發生「豆腐起司」故事，是人生料理轉捩點，也是即興插曲故事。

二〇〇四年搬家第二棟農舍，二手廚具跟著遷徙到新涼亭，那時逐漸對料理感興趣，買書看增添刀具鍋盆，漸進式淘汰更換，對廚具運用越來越熟練，漸漸領悟烹飪奧祕。經過十年歲月漫長進化，「即興」並非瞬間憑空想像，而是多年經驗、摸索與累積後，在那瞬間綜合過去知識判斷，快速抉擇烹飪切入方法，「即興」是經驗累積後，才轉化成爲料理創意的來源。

十年後，閱讀日本湯品大師辰巳芳子的書《生命與味覺》，提起母親辰巳濱子在戰亂物資匱乏時，用自己栽種的小麥，應變做出法式鄉村麵包、風乾鹽醃牛肉。作者對母親的料理能力才恍然大悟，原來是多年來摸索的經驗，慢慢累積成「即興」，或稱爲「直覺」。辰巳芳子：

「見聞的事物、感受的事物、經歷的事物，也就是將充分使用感應力所累積的一點一滴進行分析與分類，當作資料收藏。充實這些「經驗檔案」，需要的時候可以立刻拿出來用。這就是直覺。」（《生命與味覺》，頁95，積木文化）

二〇一四年夏天，發生「豆腐起司」故事，是料理人生轉捩點，猜想「豆腐遇見起司」，可能在歐亞料理史上留下插曲故事，也許是傳奇。近十年，每隔一段時間常「即興」遇見新料理的驚喜，也是自學啓蒙的意外轉折。一個插曲，一個意外，一個異想天開，變成一道料理傳奇。

豆腐起司的創意是，在一通電話時間出現，在十秒那一剎那、是第二十秒、三十秒、四十秒、還是掛掉電話那一秒？怎麼想出來，電話掛掉時，料理意象和做法就出現，沒有公式、沒有推理、沒有沉思過程，沒有裝模作樣的研究表演，簡單直接浮現「豆腐＋起司」的圖像，豆腐裡面挖空，塞進起司上面覆蓋起司，焗烤微焦帶金黃色澤。

豆腐攤前，問『你們吃起司嗎？』他們說有。撥電話剎那，料理意念閃過腦海，掛完電話時，食譜圖像已經浮現在腦海。料理創意，很難說是如何想像？特定方法？創意公式？每個廚師創意方式不同，像新潮米其林料理，經常結合高端電腦科技廚具，時代不同設備不同，很多工法工序也不同。

預約時說吃素，談吐非常客氣高雅，問什麼不吃，只說「不魚不肉，你自由發揮就好！」用餐日，清晨去市場買菜，經過豆腐攤時，臨時想到這對夫妻和藹可親的印象，突然想做一道不一樣的料理，給他們品嚐。

那天傍晚，用刀沿著四周邊緣劃框，豆腐挖出框凹槽後，塡入起司，再將挖開豆皮蓋回去，上層再鋪層起司，低溫烤三十分鐘。當其他客人品嚐招牌炭烤豬腳時，端上法式陶烤盆，放在素食客人前面，切開裝盤分食。上桌剎那，豆香加起司香氣四溢，每個人抬起頭注視紅色烤盆裡金黃色澤豆腐，有人問：

「好香！那是什麼？我也想要？可以嗎？」

開玩笑說：「豆腐牛排！」

一群人吵著要，只好抱歉說是素食，專屬給他們夫妻的客製料理。當我看到，饕客們吃不到的惋惜眼神時，知道是今年啓蒙菜，可納入招牌菜系列。

素食夫妻稱讚說：「這是我吃過最好吃的豆腐料理，什麼時候發明呢？」

「今天上午打電話給你時，在豆腐攤前臨時想到！」

夫妻說：「能吃到豆腐起司，覺得很幸福，感謝你專門爲我們，做出這麼好吃的豆腐。沒想到豆腐和起司會這麼搭！你是怎麼想出來的呢？」

我沒有，也不敢告訴他們，這是第一次做，我沒有試吃，就直接上菜。

腦海閃過「豆腐＋起司」意象，這是即興想起的創意概念。
他們說「由你發揮」如此簡單一句話，激勵去創造一道料裡。

半年後，食譜做法調整更新，豆腐四邊先微煎過，固定豆腐四邊，提升豆腐香氣，再放入起司焗烤。類似豆腐遇見起司的創意，常常因爲一件事，一個感覺，一個思緒，即興創造一道料理。發現豆腐起司料理後，隔年進化成另一道料理，那是另外一個故事。

豆腐起司是In Between East & West的料理

向 Bizarre Foods with Andrew Zimmern 致敬的「臭到底」

阿唐在都蘭街上，擺攤賣自製臭豆腐，據說，他跟廟裡老和尚學，是傳統野莧菜加山泉水浸泡發酵法。幾次，路過攤位品嚐，確實跟市售臭豆腐不同風味。下午三點擺攤，太陽西晒熱到坐立不安，刮風下雨更麻煩，他用簡易小瓦斯爐，風吹火力不穩油炸溫度不足，炸臭豆腐品質，看天氣時好時差。早期在山林農舍創店時，涼亭廚臺沒圍，風吹雨淋，瓦斯火隨風飄搖，火力潰散，經常烹調失控，下雨飄進來淋到客人，廚臺餐桌一團混亂，束手無策。路邊擺攤，無論手推車或小貨車，炸鍋爐火必須防風才能烹煮，擺攤看天吃飯很辛苦。

他用陶瓦缸，採集野生莧菜，撕裂揉壓，加山泉水浸泡，靜置發酵一、二個月，等候莧菜菌液熟成，再放入新鮮板豆腐，沉浸在水缸裡，等候五天至一週發酵成臭豆腐。傳統臭豆腐風味道地獨特，浸泡野菜發酵菌液，產生帶黴菌的臭豆腐。推想，長黴菌的豆腐臭了，丟掉可惜，油炸過可以吃吃看，可能這樣發明炸臭豆腐，拿去蒸過試試看，後來出現滷炒炸臭豆腐風味小吃。

起司乳酪，是牛奶、羊奶發酵製成歐洲食物，有人喜歡，有人不習慣，有人體質容易反胃！近二十年，臺灣人接受歐美各種起司，像 Blue Cheese，有人抗拒霉臭氣息無法接受。歐美人近年喜歡豆腐料理，但是他們不一定能接受臭豆腐，有人稱臭起司豆腐。TLC 旅遊節目「古怪食物」安德魯（Bizarre Foods with Andrew Zimmern），吃遍全世界，蟲到動物內臟，連冰島臭鯊魚再臭，他都能克服挑戰品嚐，就無法接受臭豆腐，他在臭豆腐店前，揮手說：「No, No, I cannot eat this!」。

臭豆腐名列西方人最不喜歡的食物，如同日本納豆，冰島臭鯊魚等，安德魯到歐洲山洞裡，吃傳統工法頂級臭起司，連連讚美好吃，他挑戰蟲蛹各種古怪食物，卻不敢吃臺灣臭豆腐，不明白爲何他不敢吃。腦海閃過「安德魯拒絕吃臭豆腐，雙手對鏡頭揮手拒絕畫面和聲音」，激發創意，做一道安得魯接受的臭豆腐料理。那麼讓「臭豆腐遇見臭起司？」自然發酵豆腐乳，有點類似歐洲軟起司，醃製臭豆腐如同冰島醃鯊魚、日本納豆，屬於帶有獨特氣息腐食物。如果臭豆腐搭配歐洲藍紋乳酪，讓兩種不同風味的黴菌發酵食物相遇，也許產生令人驚喜的滋味。

向阿唐訂購古法醃製臭豆腐，劃開凹槽放進藍紋乳酪，蓋回挖開的臭豆腐表層，上面撒些藍紋乳酪，再撒一層切達起司蓋在最上方，切達起司耐高溫烤，烤過別有風味，保護下層藍紋乳酪避免烤焦走味。研發料理，常將過去經驗彙整，考慮不同食材特性，拆解工法流程，再推想、建構到新創烹調步驟。如果讓藍紋乳酪的青黴菌和臭豆腐黴菌相互作用，也許產生獨特風味，進烤箱低溫一百二十度烤二十分鐘，再彈性調整烘烤時間。

十分鐘，藍黴起司和臭豆腐的氣味，慢慢散發出來，臭味越來越濃，幫手們往外衝到庭園邊跑邊喊：

「好臭！好臭！怎麼那麼臭呢？」

西方人很少把藍黴起司拿來烤，通常藍黴起司當抹醬配麵包餅乾搭紅酒。在臺灣廚師通常把臭豆腐拿去蒸、炸，近年因麻辣火鍋盛行，推出燉煮的麻辣臭豆腐，在臭豆腐料理中幾乎沒人用烤，臭豆腐加藍黴起司一起烤，大概創歷史紀錄，也是另類創意手法。

烤好片刻端上桌，臭味氣息已散發，一群人你看我看，沒人敢動。我拿湯匙挖一角，試吃後，聞一下，烤過後沒生臭豆腐和藍黴的氣息，不同一般炸臭豆腐、上海蒸臭豆腐的氣味，似乎臭味氣息被蒸發，藍黴起司烤過失去了原先生吃的氣味，似乎臭豆腐遇見

看見安德魯揮手拒絕的衝動實驗

臭起司，焗烤過產生加成變化，變成另外一種風味。仔細品嚐，包覆在凹槽裡的軟嫩臭豆腐加藍黴起司，兩種黴臭氣息融合成獨特美味，很難說出那種氣息滋味。

暑假有大學生來打工換宿，跟著備料做菜，偶爾試菜，喜歡做跟著學，認眞的學幾道，回去做給家人吃。烤藍黴起司臭豆腐大概嚇到他們，沒見過這種做法，第一次試菜，我嚐過說：

「好吃！眞的，味道不錯乀！」

沒人相信，半信半疑看我說：

「你騙人！那麼臭，怎麼可能好吃呢？」

邊吃邊想，臭豆腐加臭起司，怎會變成另外一種風味？

炸臭豆腐，確實透過油炸把臭豆腐的生臭氣味去除，市面炸臭豆腐大多數炸過頭，只剩炸豆腐的酥脆口感，添加辣蒜醬油味道，缺乏裡面軟嫩的臭豆腐滋味。一般麻辣臭豆腐是比較接近滷煮豆乾，也沒什麼臭味氣息，上海蒸臭豆腐保留軟嫩豆腐口感風味，微微淡淡的臭黴香氣。

終於有人拿小湯匙試吃一小口，又挖一口吃說：

「乀，眞的好吃乀，一點都不臭，沒有怪味道。」

向Bizarre Foods with Andrew Zimmern致敬的「臭到底」

一下被搶光，再烤一盤，這次沒驚慌失措，我反而邊聞邊想：

「有機會遇到安德魯，不讓他先聞到味道，做好放在烤箱保溫，讓他先吃看看，再做一次給他看！讓他聞聞看，會有什麼反應？」

試做給朋友吃，讚不絕口，他們不相信，也沒見過，藍黴起司加臭豆腐，焗烤會這麼好吃！

如果追問：「創意怎麼來？」

先是素食夫妻訂餐的親切聲音，引起動念，聯想冰箱有起司，發生「豆腐遇見起司」的傳說。隔年，因緣際會遇到古法臭豆腐，想起安德魯揮手不吃臭豆腐畫面，異想天開創造「臭豆腐遇見 Blue Cheese」。

「臭到底」是臭豆腐＋藍紋乳酪一起焗烤的創意料理，向安德魯先生致意，遊戲式開玩笑命名「Blue Cheese 臭豆腐探戈」，如「豆腐起司恰恰」的趣味，後來取名「臭到底」，還向智慧財產局申請註冊商

臭到底的創意想像滋味

標，很多記者吃過臭到底，稱讚、佩服，怎麼想出如此怪異料理！也許，這是另類的古怪食物！另類直覺的創意。都蘭朋友有間閒置豬舍，開玩笑說：「免費租你開店一年。」花八萬整理後，DIY拼湊二手廚具開間「臭到底」，親自規劃動手畫看板，開店給朋友經營，那是意外插曲。

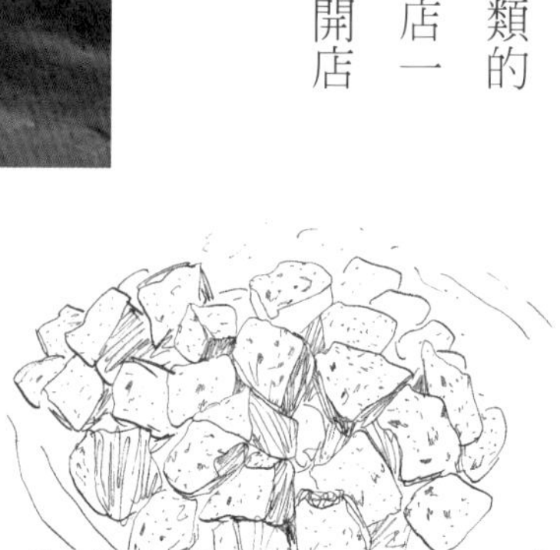

向 Bizarre Foods with Andrew Zimmern 致敬的「臭到底」

隨手畫看板幫朋友開店的胡鬧

第四篇

殊滋協奏曲

Amazing! I never eat this before!

「豆腐起司」後來成爲招牌料理，讓國內外客人驚艷。「沒想到豆腐跟起司，這麼搭！」

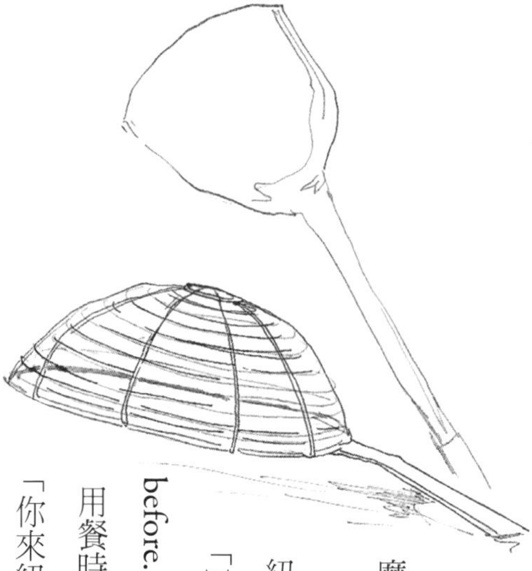

紐約時裝設計師Malan Breton稱讚：

「Fantastic! How did you create this. I never eat this before.」

用餐時邀請我去紐約，他說：

「你來紐約我請你吃飯，我介紹好朋友給你認識，他們都是CHEF，你們一定可以談很多。」

前東管處長林信任曾派駐國外，有天邀約新潮服裝設計師來用餐，幾任東管處長懂美食，遇到重要客人或觀光局貴賓，常常安排行程來用餐。

Malan Breton 來，當他遇見「豆腐起司」，驚訝滋味的微妙，隨即聯想，紐約大廚們如果見到豆腐起司，可能激發更多靈感。意外發現，歐亞傳統食物竟然如此相遇，產生令人想像不到的滋味。Malan 熱情邀約紐約相遇，讓創意人相聚，激發更多有趣的靈感，也許這是他對創意熱情的地方。Malan 懂得品味，對烤菇鮮甜讚美，松阪肉撒百香果的驚嘆，豆腐起司的驚奇，番茄四重奏的欣喜，每道料理出菜後，讓他不斷稱讚。

Malan 曾使用客家花布圖案，運用在西方流行服飾上，將亞洲鄉村圖案轉化在紐約新潮時裝，讓東方遇見西方的交流驚艷，產生文化跨界的創意激盪，是他深感興趣的話題。他有深刻的文化交流創作經驗，對豆腐遇見起司格外驚喜、讚美，熱情邀約到紐約，認識頂尖又有創意的廚師們。

豆腐遇見起司，起司遇見豆腐，呈現東西方食材對話。板豆腐在燻烤中，依然保有豆腐的香氣口感，起司也保留自己獨特風味，兩者相遇產生奇妙的組合。豆腐不是被起司爲我所用的客位狀態，起司也不是被豆腐爲我所用的他者狀態，豆腐、起司各自展現自己主位的獨特風格，品嚐時令人訝異。

「豆腐跟起司，怎麼那麼搭配呢！」

「怎麼想到讓東方豆腐和西方起司放在一起呢？」

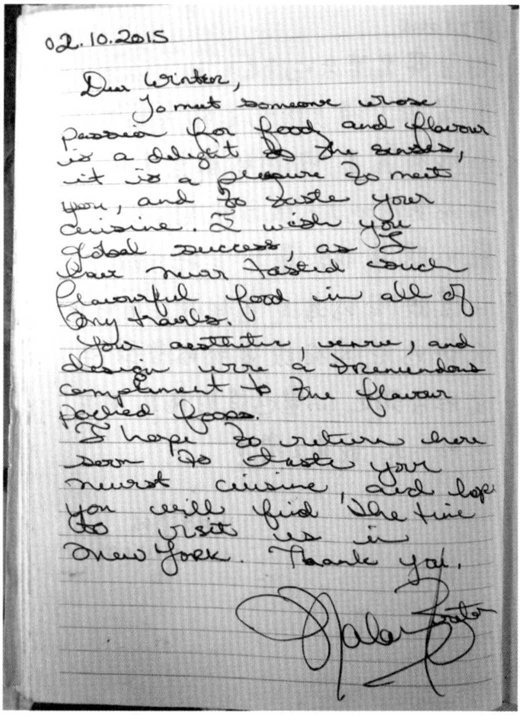
02.10.2015

Dear Winter,

To meet someone whose passion for food and flavour is a delight to the senses, it is a pleasure to meet you, and to taste your cuisine. I wish you global success, as I have never tasted such flavourful food in all of my travels.

Your aesthetic, venue, and design were a tremendous complement to the flavour packed foods.

I hope to return here soon to taste your newest cuisine, and hope you will find the time to visit us in New York. Thank you.

Malan Breton

紐約時裝設計師Malan Breton的留言

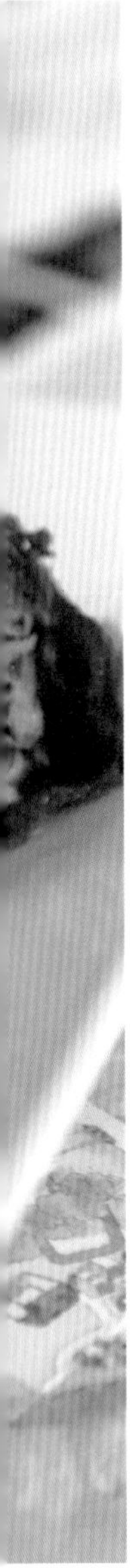

「這是一道跨越東西方文化的料理！」
三四年間，臺灣、日本、韓國、泰國、越南的亞洲人感覺訝異！
連法國、英國、比利時、德國、西班牙和美國旅人也表示驚喜！

吃完松阪肉水果沙拉，品嚐百香果汁與現烤松阪肉滋味，Malan驚喜說：
「If you come to New York, give me a call, be my guest.」
豆腐起司之後說：
「I will introduce my best friend to you.」
品嚐番茄四重奏後，說：
「They are the best Chef in New York.」
炭烤豬腳後說：
「I never eat so delicious food before, It's fabulous.」
最後他說：
「Amazing, You are excellent.」
東管處長林信任留言：「感謝您以生命力般專注重新帶給東海岸眞實的原味和天籟美滋味！還沒吃完就開始想念的 PASA Kitchen!」

Amazing！I never eat this before！

料理滋味不斷調整改進讓人期待

磨練感應番茄四重奏

忘記，那一天發明「番茄四重奏」？依稀記得，那段研發早午餐的熱情季節，想做地中海風三明治，想起 Jamie Oliver 在希臘巡迴旅遊做餐時，遇見醃檸檬，回英國製播希臘系列節目後，他又做一些節目如「三十分鐘上菜」、「十五分鐘上菜」等節目中，好像在料理教學示範上，運用醃檸檬。

那年夏天經過市場，看見檸檬上市，買五斤檸檬試試看，特別採購十公升大玻璃瓶。回去檸檬洗淨，晒過太陽乾燥後，對切成四瓣一層層堆疊，一層灑一層粗鹽，爲醃檸檬品質，使用西西里島粗海鹽，增加風味。醃製三個月後就可以使用，醃製二年三年風味更佳，甚至醃製出檸檬果膠，四年後加入肉桂棒、月桃葉、小茴香、巴西里、黑胡椒粒等香料籽，實驗醃製新風味醃檸檬。

料理知識需要慢慢累積經驗，需要時間去醞釀食物的滋味，一隻比利斯醃火腿需要三年、四年風乾熟成，從西方山村到東方四川山林都有醃製火腿的知識，這些是長年累積的烹飪智慧。創作一道料理，需要時間去改進調整，慢慢鍛鍊出食物風味，如何去組合每個元素的滋味，往往一道料理需要職人專注的體會與改進。

辰巳芳子在《生命與味覺》敘述製作火腿、燉昆布柴魚湯等觀念，她用義式蔬菜湯的做法製作日本根莖蔬菜湯，這些是經過時間經驗累積的知識觀念。廚師與食材間的關係，需要長時間的磨合、醞釀和激發，辰巳芳子強調：

「磨練感應力：試著將五感集中在『手中的自然』，培養直覺：風告訴我如何製作美味的火腿。」

番茄四重奏經過無數次變奏版

買二斤絞肉，二顆洋蔥切丁炒透微焦，醃檸檬切碎跟碎肉一起炒，再拌入炒透洋蔥丁，最後加入洋香菜末、普羅旺斯香料、匈牙利紅椒粉等香料，拌勻後冷卻。麵包烤過，肉醬加生菜加小黃瓜薄片，加洋蔥末，地中海風三明治完成。

想起希臘經典名菜，烤青椒鑲肉，將青椒對剖去籽心，塞進肉醬炒蔬菜加橄欖或其他，直接烤透當前菜。青椒鑲肉做法各地些微不同，香料食材配方略有差異，基本概念是肉切碎調味炒過放進去，放哪種起司或橄欖切碎，就因地制宜，隨主人喜好，挑選牛羊豬肉等，或改變成蔬食料理。

如果番茄取代青椒呢?突然，番茄意念閃過腦海，番茄挖空填入醃檸檬肉醬，猜想滋味不錯。

那天朋友來，試做試吃，番茄蒂頭微微切開，用小刀湯匙等挖出番茄心，番茄湯汁倒出來，塞入肉醬到番茄一半位置，放點起司和煙燻豆皮，淋上二小匙番茄汁，再塞滿肉醬，最上面鋪上起司，封住番茄切口。然後進烤箱烤透，低溫一百一十度約二至三十分鐘。

番茄，在歐式料理常用來煮湯燉肉，或去皮熬成番茄泥當醬料基底，調配香料融入食

材中，義大利麵醬裡，番茄泥是常見的關鍵食材。焦糖化的番茄是美食甘味的源頭，讓滋味層次豐富的祕密武器，番茄醬汁和番茄泥是法國、義大利、西班牙等國廚師的必修入門課程。

番茄，如果轉換成烹烤的燉煮容器，把肉醬塞在番茄裡，用番茄汁來燜煮肉醬，用起司封住番茄切口當鍋蓋，讓肉醬和其他食材在番茄裡共煮燜烤。燜烤二十分鐘後，看見

希臘青椒鑲肉蔬的變奏

番茄汁滾燙不斷冒出番茄切口邊緣，一道色澤黃橘紅的料理上桌，香氣四溢，讓饕客們讚賞。

「一顆番茄是一道菜嗎！」朋友問。

「哇！好吃，沒吃過這樣番茄料理？」

「叫什麼名字呢？」

那就取名「番茄四重奏」。

後來，因素食客人要求，推出「素食版番茄四重奏」，將肉醬替換成煙燻豆皮、鷹嘴豆等，增加板豆腐片和起司。番茄四重奏進階版，添加煙燻豆皮加丁點豆腐增加層次感。絞肉粗細，由十二孔改成七孔，梅花肉加腿肉，增加絞肉塊厚實口感，香料配方些微調整，讓醃檸檬肉醬風味層次更細膩。

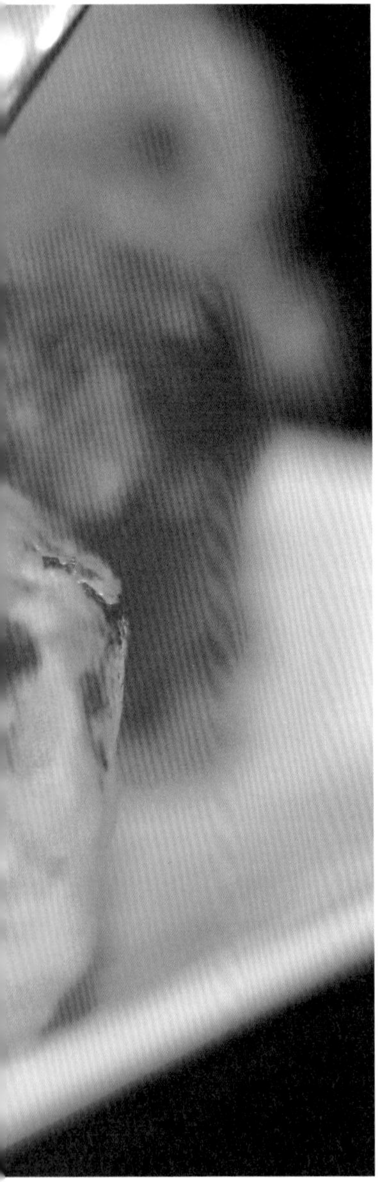

從希臘青椒鑲肉蔬轉換成番茄四重奏

業餘遇見行家

二〇一一年天下文化出版《慢滋慢味》後，廚房故事繼續發生，料理創意陸續出現，到底怎麼發生，有些記得，有些遺忘，現在招牌菜單中，一半是新菜，一半經過調整，菜單雖然半新半舊，做法卻不斷演進，滋味層次越來越豐富。

PASA廚房沒中式廚房爐，沒西廚平臺爐，沒紅色法國進口經典平臺爐烤箱，沒名店乾淨現代美麗的不鏽鋼廚房，漂亮隱藏式冰箱櫥櫃烤箱，名牌電腦蒸烤爐！只是一張不規則的漂流木主廚桌，鄉下水泥工匠貼磁磚的俗氣廚臺，餐桌是二張不規則漂流木拼貼，放上強化玻璃當桌面，椅子是二手店買來，全是老舊二手裝備。

親自栽培的熱帶雨林開放餐廳，長滿藻類和孔雀魚的小水池，環繞在黃椰子林、姑婆芋、美人蕉、月桃葉、蕨類的自然庭園。依然是涼亭餐廳和開放廚房，廚房牆壁嵌著幾塊玻璃磚、酒瓶採光，店家庫底免費磁磚馬賽克拼貼牆面，簡陋鐵皮屋頂烤爐區，刷上綠漆美化，簡單用竹子搭個棚架裝飾。

行家走一圈說：

「看得出，廚房是你親手打造，漂流木廚桌餐桌、庭園步道是你設計動手做。從設備、碗盤架到桌椅，看得出來，開店時沒什麼錢？沒人投資開店，創店時你孤軍奮鬥，整個餐廳都是DIY，這裡的一切，你自己玩出來的！因爲，你是自己玩，玩出一套別人想不到、買不到，無法複製的庭園餐廳和料理風格，這裡隱藏你的生活美感，你的料理哲學，你的一切！」

出書後，粉絲來訪，用完餐悄悄說：

「我看過你的書，以爲不可能發生這樣事情，看到你的廚房，來到這裡，才相信你寫的是眞的！」

時尚玩家主持人浩子懂美食懂滋味，上菜三道後說：

「你，確實是半路出家，我知道你不是正規廚師出身！」

他有美食職人的敏銳感，上菜後，從擺盤、菜式、刀工、烹調看出，職業行家與業餘玩票出身的差距。他吃遍各地，從路邊小

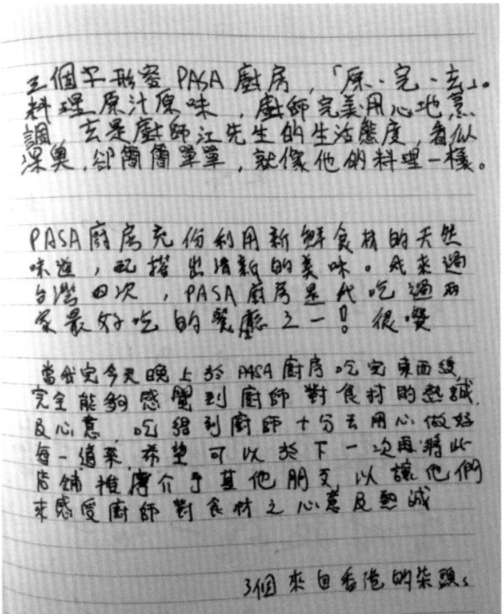
三個字形容PASA廚房，「原、完、玄」。料理原汁原味，廚師完美用心地烹調，玄是廚師江先生的生活態度，看似深奧，卻簡簡單單，就像他的料理一樣。

PASA廚房充份利用新鮮食材的天然味道，配搭出清新的美味。我來過台灣四次，PASA廚房是我吃過那家最好吃的餐廳之一！很讚

當我完今天晚上於PASA廚房吃完東西後，完全能夠感覺到廚師對食材的熱誠及心意，吃得到廚師十分去用心做好每一道菜，希望可以於下一次再將此店舖推廣介予其他朋友，以讓他們來感受廚師對食材之心意及熱誠

3個來自香港的菜頭。

三個香港廚師的留言

吃到名店餐廳，練就一番透徹的品味能力。他身上，看到一個從街頭小吃、夜市美食中磨練，隨著節目不斷修練，在各式各樣名店餐廳料理中，不斷琢磨修練，逐漸練就一套美食評鑑功力。他來探訪時，豆腐起司、番茄四重奏、汽油桶燻肉尚未出現，書還沒出版，如果遇見這些滋味，他會有不同看法。

那天拍攝完畢，晚上工作人員在廚房喝酒聊天，幾杯後桌上空空，隨興弄盤下酒菜上桌，他嚐幾口說：

「這是剛做的，你以前沒做過，對不對？確實有趣，好吃。」

我有點訝異，猜想，他一邊從食材、烹調、調味中推想，一邊看我從冰箱拿食材，偶爾停頓，偶爾動作，切切停停炒炒，拿起調味料聞聞又放下，左看右想，拿這拿那，烹調過程看在他眼裡。

如果是行家廚師，打開冰箱直接取用食材，備料切菜熟練俐落，拿調味料直接下鍋，翻炒好起鍋出菜，所有動作一次到位，這是行家廚師精準的身手動作。我呢？東摸摸西拿拿，動動停停，邊做邊想，業餘廚師的舉止，被他一眼看穿，也許職業演員對表演動作，感受深刻，他一見狀就知道。出菜後，他看盤裡食材組合，嚐嚐味道，想想我的料理動作，便知是邊做邊想的即興料理。

他豪爽說：

「再開一瓶紅酒，我買單，過癮，能吃到第一手料理！」

兩人舉杯中，對話已經遺忘，留下深刻印象：「業餘遇見行家」，也許人生常常如此，只是有沒有機會對話而已。

曾經走訪尼泊爾，在鄉村另類小學裡，一位鄉村老太太教做衣服，看看你的身材，叫你轉一圈，手拉高擺一下，連量尺寸都不用，拿起布剪刀剪剪，縫紉機車車縫縫，衣服就完成。校長告訴我：「鄉村做衣服就這麼簡單，將來這些孩子要回到鄉村，學習鄉村做衣服方法。

老太太沒學過現代服裝設計，有天分從小跟著村裡太太學做衣服，沿

燻烤大骨肉讓原味感動行家

襲傳統方式代代傳承。我們希望保存鄉村製作衣服的知識。」都會時裝設計師必須繪圖打稿，紙上打版畫線裁剪，出國進修學習新觀念。一塊布可以剪裁不同款式不同時代的衣服，用不同方式裁縫出不同風格。類似布料到不同族群婦女手中，剪裁縫紉出不同文化風格衣服，加上他們喜好的裝飾配件，創造各種民族款式服裝。

記得日本美食作家，深入北義大利鄉村，尋找老媽媽食譜，她發現，媽媽們做菜完全憑手感，抓一把或摘一手，沒用量杯秤盤，沒計算溫度時間，手摸一下看一眼聞聞，就知道菜好吃可以上桌。女作家驚慌失措，不知道如何寫食譜，經過一段時間後，她慢慢領悟料理生活藝術。傳統鄉間廚師料理食材時，憑靠觸感、手感、味蕾、嗅覺、視覺，來抓量拌調手法，搭配媽媽們鄉村諺語名言，來掌控火候滋味。許多年後，邊備料邊烹調，突然想起，女作家、伊麗莎白、辰巳芳子的故事，領悟他們敘述食物滋味的語言，當下恍然大悟，在他們人生漫遊中，遇見的人生料理。

巴黎新潮分子料理餐廳，廚房有各種新潮科技設備，加上現代化電爐、電腦烤箱和分子料理設備，他們從傳統食譜出發，融入時代潮流

的新感覺，翻轉煎煮炸烤傳統方式，重新詮釋食物隱藏的味蕾滋味。巴黎有百年鑄鐵炭火烤爐餐廳，從上個世紀到現代的老店風格，一面繼承經典菜餚，一面用傳統烹調爐具做出現代料理滋味，在傳統煎烤煮中，融入現代風味思維，挑戰食材創造新滋味。兩家餐廳做出不同滋味創意料理，何者優劣？使用百年前爐具翻轉傳統烹調手法創造新滋味？運用新潮電腦設備探索食材的想像滋味？兩者很難比較，重要在展現好吃令人感動的料理。

自由自在進修的開放廚房

汽油桶燻肉烏托邦

阿答要結婚，希望我做豬料理，問多少人，一百或二百人嗎？他拿不定主意，因爲朋友來，臨時帶人來，可能臨時不能來，他無法估計。原來計畫殺一隻豬，交給我辦一場饗宴，我沒能力殺豬，這不是一個人可以肩負的工作。

部落婚禮殺豬，由三四個壯漢去買豬抓豬用貨車載回來，五花大綁豬後，由幹練老手用番刀刺喉貫穿心臟，放血用水桶裝盛。婦女們燒大鍋水，噴燈火燒熱水燙去毛，再動手刮毛沖洗。熟手執利刃支解取內臟清洗，他人協助切肉分塊，五、六人分工忙一、二小時，將豬肉切洗分塊。村落辦喜事，前一天動員搭帳棚，清晨聚集開始忙這那，殺豬場景熱鬧紛紛，邊工作邊聊天，喝點米酒開玩笑，嘲笑彼此的刀法，年輕人一旁見習，拿刀練習切肉。三個快速爐加大炒鍋，二鍋熱水燙豬肉燉湯，一鍋炒菜，隨時丟些野菜入湯，隨煮隨吃，不夠再加，親友來來去去祝賀，一場饗宴從中午吃到黃昏，水煮肉切片分食，炒煮烤隨興處理。

阿答希望殺全豬做料理，辦一場饗宴，但我沒有幹練團隊，無法獨力完成。最後決定，由我研發一道特別料理，讓大家驚喜，其他菜餚找不同人幫忙，有人負責沙拉饗宴。從阿美族風味糯米蒸飯、一夜干魚乾、野菜湯、小黃瓜紅蘿蔔芹菜沙拉盤、用姑婆芋、木竹器盆等布置一場自然風味饗宴。

阿美族婚禮饗宴中，最精華的料理，俗稱「血肉模糊湯」，將豬骨下去燉湯後，豬內臟豬雜、碎骨邊肉等全部熬煮一鍋，加入客家酸菜、竹筍乾或野菜。通常，用木筒蒸的糯米飯，搭配幾道炒菜炒肉，菜自由取用，直接用手捏成飯團，搭著辣椒、醃菜吃，桌上一盤白斬肉，一盤辣椒大蒜醬油，再來一碗「血肉模糊湯」。肉湯裡有豬肝肺肚腸雜、骨邊肉等等，想吃什麼自己撈自己裝，肉少了加肉，酸菜少了加菜，湯少加水繼續煮，一鍋湯越煮越久，湯頭越來越濃郁，往往越簡單，越令人懷念。

透過朋友，找到熟練鐵匠，改造汽油桶當燻烤爐，切開桶頂一邊當蓋子，上面焊接二個排氣孔一大一小，可用馬克杯蓋住，調節排氣量控制火候。汽油桶底四周挖小圓孔當進氣孔，底部燒炭火產生熱氣燜烤，汽油桶內部設計二層活動掛架，吊掛勾子鉤住肉塊，懸空慢火燻烤。

汽油桶做好，桶內洗刷乾淨，燃燒乾燥椰子殼，燻烤消除桶內殘餘的雜質氣味。持續添加椰殼和木炭悶燒一天，讓炭火氣息悶燒汽油桶內每一角落。

選購三大塊豬腿肉、梅花肉、五花肉，三種不同配方香料包裹豬肉，冷藏醃製一日夜，隔日升火燻烤測試，邊烤邊調整炭火。汽油桶內升溫後，添加適量木炭，安置活動式掛架，用掛勾懸吊三塊醃肉，蓋住汽油桶蓋，排氣孔緩緩排煙，一小時後散發淡淡燻肉香氣。

汽油桶慢火燻烤三小時後，三塊肉滴出油脂，掉入炭火中，燃起淡淡白煙，飄散著肉汁香氣。維持無火紅炭狀態慢慢燃燒，慢慢燻炙肉塊，偶爾掀爐蓋觀察燻烤狀態，用溫度計探針測穿肉塊中心與旁邊的溫度，五十度、六十度、七十度、八十度？汽油桶內熱氣流位置不同，時而調整吊掛燻肉位置，往中心靠，往旁邊移，旋轉方向，隨時注意吊掛燻肉每面呈現的色澤變化，隨時調整位置。

約三個鄰近朋友試吃，三種燻肉中，挑出梅花肉質燻烤最好吃，油脂分布適當，拿捏火候適當時，讓肉質出現軟嫩彈Q口感。當初測試三種香料配方搭配三種肉，試吃後淘汰兩種不佳香料和肉質。第二次燻烤時，摸清楚汽油桶烤爐的特性，學會用馬克杯蓋住或石頭堵塞方式，調節汽油桶蓋上兩個排氣孔進行控溫，遇到炭火忽大忽小時，用馬克杯石頭塞住氣孔降溫，或移除讓通氣口暢通助燃升溫，進行火候控制。

事先推理構思，第一次測試三種肉質交叉三種香料配方，找出最適合燻烤的肉質，同時測試不同香料作用。第二次選擇最好肉質加修正香料配方，一次烤二塊肉，測試不同火候的燻烤效應，用探針溫度計找出肉塊核心與邊緣溫度參數，掌控不同溫度與肉質部位口感等變化。第三次燻烤，已經準確掌控火候溫差變化，確認燻肉新食譜的 SOP 做法，從香料配方、醃製熟成、入味時間、火候溫控效應等等知識。三次冷藏醃肉加燻烤測試，找出適合燻烤的梅花肉、香料配方、汽油桶燻烤方法，這些步驟是考驗廚師的應變與研發能力。

阿答婚禮那天清晨六點，帶著二十四塊燻肉前往，立即升火烤肉，估計一爐燻烤要五、六小時慢火燻烤。前一天用卡車把汽油桶烤爐、木炭等載運到位，現場點燃木炭，掛好燻肉，排氣孔留一小孔通氣，讓炭火持續燃燒慢慢升溫。

二小時後，開爐檢視燻烤狀態，調節通氣孔加炭維持火力，一次燻烤十二塊肉，分成上下二層，每層排列吊掛六塊肉，汽油桶內肉與肉之間保持間隙，讓炭火熱氣流通，把燻烤不足移往火力較強的位置，調配讓每塊肉均勻受熱，每半小時輪流調動吊掛位置。

五小時過去，燻肉約五分熟，但不能升溫加速燻烤，升溫過高烤

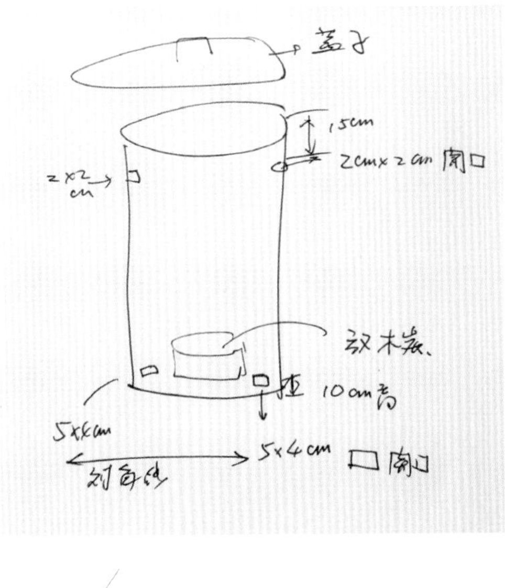

隨手畫畫拿給鐵匠的草圖，即興創意。

爐過熱導致燻肉過熟，不僅外皮會燻烤過度變柴硬，連裡面肉質也會乾澀。多年來累積經驗，慢火燻烤食物忌諱快熟時加溫，常常燻烤過熟變質，最後階段往往最容易失控，錯失美好滋味的關鍵時刻。

一次烤十二塊燻肉分二層掛吊，汽油桶滿載狀態，出錯可能十二塊肉全毀，必須非常謹慎控管。六小時，七小時後，十二塊燻肉中有幾塊已經熟成，陸續取出靜置，未熟的繼續低溫燻烤。取出熟成燻肉，用鋁箔紙包覆保溫，晚上六點開宴還有五小時，室溫放置過久也不宜，將十二塊肉堆疊在紙箱內，雙重保溫。

第一輪十二塊肉烤好，已經中午一點半後，加炭升火後，放入第二輪十二塊燻肉。第一批直接從冷藏取出，常溫靜置一小時還冰冷，烤爐剛剛升溫，又是清晨溫度偏低，冷熱效應抵銷，多出二小時燻烤。第二輪燻烤已經中午，燻肉放常溫二小時，汽油桶升溫烤過，預估縮短一、二小時。調節出氣孔，大小出氣孔全開，提高熱氣流效應，一小時後再調整小出氣孔，減緩熱效應，轉換成慢火燻烤。

改造汽油桶烤爐時，設計一大一小出氣孔，透過出氣量來控溫，可以大小孔全開，單獨遮蓋大孔或小孔，調節三段出氣量變化，必要時，用大小石頭塞住排氣孔，保留石頭與氣孔間的縫隙，當作排氣微調控溫，這是更細膩燜烤技巧。遇到烤架吊掛燻肉滿載

汽油桶燻烤是烏托邦火候摸索

時，從二孔全開，等升溫後，留開大孔，最後轉換小孔，再改成塞石頭留縫隙微調，從容應變縮短烤肉時間，汽油桶下方已經開好小孔，也留開口扇門調節，因應控制進氣量調控火力。二年後找不鏽鋼工廠師傅，比照汽油桶尺寸重新設計，調整掛架高低位置，提升汽油桶烤爐的效能，應付大量燻烤肉品。

中午來自花蓮師傅專責烤乳豬，用旋轉烤架在火堆上翻轉，底下用汽油桶剖切裝盛柴火，適時翻轉綁住四腿的剖腹乳豬，避免烤焦過頭。南投鄉村盛行烤全豬饗宴，用中型貨車，載著烤架瓦斯爐炒鍋摺疊會議桌碗盤等，事先將全豬處理乾抹鹽過，現場快速組裝烤肉架升起炭火，裝上電動馬達旋轉烤肉架，節省翻轉烤架人力，隨時停止翻轉調控燒烤狀態。旁邊一組人負責煮酸菜竹筍蘿蔔大骨湯、炒菜、沙拉冷盤等，一組負責剁切烤好豬肉，會議桌攤開擺上食物，由客人自取。

婚禮晚宴開始，人群陸續進來，端盤自由取用食物，我負責切肉，來多少人現切現取。燻肉切片一公分厚度，對切二塊取用，厚切口感有Q彈咬勁。友人誤以爲牛排，低溫燻烤肉質呈現粉紅色澤，而非一般常見煮熟豬肉泛白顏色。剛開始，有人覺得太厚，約白斬肉的三倍厚度，要求切薄，等嚐過後，發現厚切比薄切好吃。發現好吃，有人一拿再拿，不得已進行控管，保留一些給晚到還沒嚐過的人。那夜汽油桶燻肉一鳴驚人，讓很多人訝異，豬肉竟然燻烤出Q彈有勁的口感，粉紅色澤彷彿牛排保留豐富甜美的肉汁。

這種乾式醃肉燻烤法，不同於巴西南美汽油桶燒烤、中東烤肉串或猶太煙燻肉，不同於Steven Rainchien書《PROJECT SMOKE》（炭烤煙燻大全）87至121頁「豬肉篇」，書中沒有類似豬肉醃製燻烤，反而「牛肉篇」有類似手法。一場婚禮帶來意外驚喜，一個故事帶來一道料理傳奇，我沒想過，竟然設計汽油桶，烤出烏托邦燻肉滋味。

一場婚禮創造汽油桶燻肉的滋味

每個人都可以當廚師

名家建築師設計的海邊別墅，現代感開放性海景廚房，長長主廚桌面對太平洋，一邊看海一邊下廚，隱藏式廚櫃廚臺冰箱靠牆，家人面對面邊烹飪邊用餐。主人來電邀約外燴，宴請名人朋友。主人帶客人進廚房，一一介紹相識，邊打招呼，邊忙著備料，豆腐起司、番茄四重奏、百香果松阪肉水果沙拉等。客人進進出出探視，好奇駐足參觀，邊做邊介紹料理，懂料理客人問得貼切，句句門道行話。鄰居母女熟練幫忙，她們多次幫忙下廚，晚上十五、六位用餐，沒二位助手備料出菜，一人忙不過來。

那天應邀外匯，主人的十歲女兒進來，趴在中島廚臺，看我跟助手備料，笑瞇瞇跟十四歲助手聊天，兩人有說有笑，小女孩說：

「你好利害，很會做菜乀！」

小助手：「這很簡單，教一下，你就會！」

小助手是鄰居國三女孩，暑假沒事，跟著外燴做菜打工，每年寒暑假常常幫忙，去皮削水果切塊，挖番茄塞肉醬，連豆腐起司都會做，是手腳俐落的敏捷幹練助手。小四女孩露出羨慕眼光，看著國三女孩忙這忙那，問爲何這樣切？問擠檸檬汁拌蘋果塊做什麼？

小助手：「蘋果去皮放久，會氧化變黃，拌過檸檬汁就不會，現切現拌最好！」

女孩：「媽媽說，不是拌鹽水嗎？拌檸檬汁有什麼不一樣呢？」

小助手：「拌檸檬汁，比較好吃，喏！這一塊，你吃吃看？」

女孩：「爲什麼有的切大塊，有的切小塊？切斜斜的呢？」

小助手：「蘋果厚薄咬下去的滋味不一樣，不同品種口感風味也不同！」

女孩：「噢！我剛才注意到你們用不同蘋果，有青蘋果、富士蘋果！」

小助手：「妳很利害，注意到這麼多細節！想不想學呢？」

女孩露出羨慕眼光說：「可以嗎？」

小助手轉頭，我微笑點點頭說：

「拿件圍裙給她，讓她幫忙，你教她，那把小水果刀，給她試試看！」

她立即跳下高腳椅，走進廚臺站在助手旁邊幫忙，十歲小女孩一教就會，玩上癮，整晚窩在廚臺玩料理，彷彿熟悉家事的小大人姿態，看見她快樂搶著做的笑容，她的爸媽開心極了。客人看見女孩在廚臺幫忙，驚呼稱讚小女孩動作俐落敏捷，小廚師忙著做菜擺盤，不理會家人客人讚美聲，眼神專注做菜。客人停下腳步，注視她的一舉一動，鄰居小妹告訴她，一個盤子放幾塊蘋果、水梨、奇異果、小番茄等等，她認眞一盤一盤數過，擺上松阪肉灑上葡萄柚汁、檸檬汁，認真用力擠汁，一盤盤慢慢滴灑，用小湯匙撥灑百香果粒汁，還仔細檢查一次，看那塊肉片上果汁果粒少了，又補上些許。兩個小女生忙著做菜，成爲所有賓客注目的焦點，兩人玩得開心，空閒時嘰嘰喳喳聊個不停。

媽媽看著她說：

「我不知道她會做菜，還那麼喜歡，感謝你這麼用心教她。」

答：「她的觀察力、學習力很強，自我實踐能力更強，應該是你們父母家教很好，讓她有自學能力。未來她不論從事什麼工作，表現一定很卓越。」

客人用手機拍傳來照片，有幾張她在我旁邊專注工作的神情，讓我佩服小四女生，如此敏銳專注的學習力。幾次料理教學發現，小學生有能力學料理，簡單容易的手法都能上手，只要按部就班教學，一個動作接一個，有時連他們父母都驚訝，孩童竟然擁有廚藝學習力和本能。後來推出親子料理教學課程，在安全範圍內適當引導，小水果刀簡單刀法，如何注意危險動作等，似乎每個小孩都有熟能生巧的學習力。曾經有位小三女孩來學料理、學披薩、玩獨木舟，她的學習報告得到全校暑假作業第一名，媽媽還傳來她在家裡做菜的照片，拿刀頗有大廚架勢。

幫廚鄰居母女，加上小女孩和旁邊圍觀的人，都加入料理團隊，最後客人都搶著幫

忙送菜，賓客進進出出，熱鬧快樂氣氛瀰漫整個廚房。那天領悟，電影「料理鼠王」（Ratatouille）中，那個廚神說「每個人都可以當廚師！」的哲理，這一天是我當廚師以來，最快樂的一天，太棒了，甩開包袱，每個人都是廚師，走到哪裡教到哪裡，那晚媽媽悄悄說：

「很想學那道水果沙拉料理！」

「跟女兒一起做，她學會可以教你！家人一起做菜很有趣！」

只要有興趣專注就可以當廚師

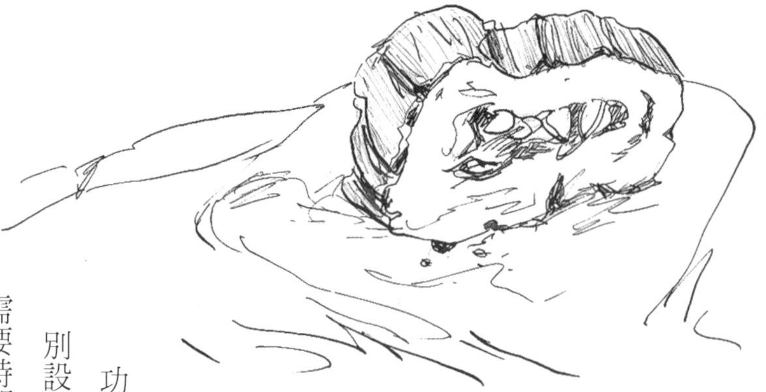

抓著啃咬肋排驚喜

別墅主人又來電外匯，希望更換主菜，討論後，決定推出「大肋排」，向豬肉販訂購整片大肋排，指定肋排上肉多留些。抹上香料和些許玫瑰岩鹽，冷藏二天熟成後，先用陶製炭烤爐測試，燻烤出原味肋排，與香料肋排兩種滋味。陶製烤爐太重，需要推車、卡車和升降機才能搬運，別墅餐廳廚房靠近海岸，上下坡坎梯階，沒有車道無升降機設備，卡車無法直達廚房，必須運用廚房標準西式配備電烤箱。

宴客前三天，知會主人約好管家，現場用電烤箱測試烤肋排。德國 Bosch 雙層蒸烤箱，烤箱在上，蒸箱在下，新潮觸控電腦面板，沒用過不知如何操作。管家一旁說明使用方法，功能設定、溫度設定、時間設定，烤箱蒸箱的操作方式，烤箱特別設計，具有噴水保持濕度，可製作歐式麵包，這是多功能烤箱，需要時間摸熟。只是烤肋排，知道簡單操作方法，功能溫度時間設定好，先定溫一百一十度攝氏，烤五十分鐘後，測試烤箱熱烤效應。

習慣二手老烤箱改用新潮電腦烤箱，如開慣二手國產車後，一下改開 Porsche 德國跑車，先輕踩油門測試馬力速度，轉轉方向盤熟悉過彎操控。三十分鐘後，注意烤爐裡的色澤變化，十分鐘五分鐘隨時注意，或翻面，溫度維持不變，觀察時間變化產生的炙烤效應。大約六、七十分鐘，肋排已經烤熟，管家割草工人和助手一起試吃，聊天時，他們表示很好吃，沒吃過這種肋排味道。這次烤一片肋排測試，下次同時烤四片，如何拿捏烤肉的火候，確實有些挑戰和壓力。

那天帶二位助手，提前三小時到，冷藏醃製好的肋排，已事先回溫二小時。如果四片低溫冷藏肋排直接進烤箱，會抵銷烤箱的熱效應，塞滿烤箱狀況下，一次烤四片肋排可能中心沒烤透。雖然掌握烤一片肋排的溫度時間數據，但是一次烤四片有難預料狀況和困難度，必須從一層烤盤增加到二層，每層從一片到二片，可能讓烤箱超過負載量極限。唯一解決辦法，提前九十分鐘開始烤，溫度調低到一百度，慢慢烤，隨時注意烤箱，每隔一段時間，上下層肋排對調和翻面。

讓助手先備料，檢查所有食材就緒，等候入座後，依序出菜。客人邊喝酒邊品嚐，用餐時間慢慢來，助手們從容應付，管家幫忙過

幾次外燴，也出手幫忙送菜，頗有團隊默契。等候肋排出菜後，我出場介紹肋排主菜，十幾位客人聞到香味，稱讚美味。幾位臺北女士拿起刀叉，斯文秀氣慢條斯理切肋排，一小口一小口品嚐。

當我第三次送菜上桌時，盛裝美麗女士讚美說：

「肋排很好吃！」

「你們試試用手抓起來，直接用嘴啃咬，可以品嚐到肉汁，肋排直接啃食比用刀叉削切好吃，可以試試看！」

她們望著我，流露懷疑的眼神，確實，啃咬方式有點不雅，而且肉汁會滴到衣服，油脂香料沾滿手指不舒適。

終於有人動手，兩手拇指食指撚起肋排，輕輕咬一口，咀嚼後說：

「ㄟ，眞的味道不一樣，可以吃到肉汁的味道，比用刀切的好吃ㄟ。」

賓客接二連三拿起肋排啃咬後，連連說：

「眞的，直接啃的，嚐到肉汁，滋味好很多！」

「謝謝主廚的提醒，眞的很棒！」

五分鐘後，突然有人說：

「陳董，這個肋排比你們家的 FD 餐廳的好吃！」

「對啊！好吃很多，眞的很好吃！」

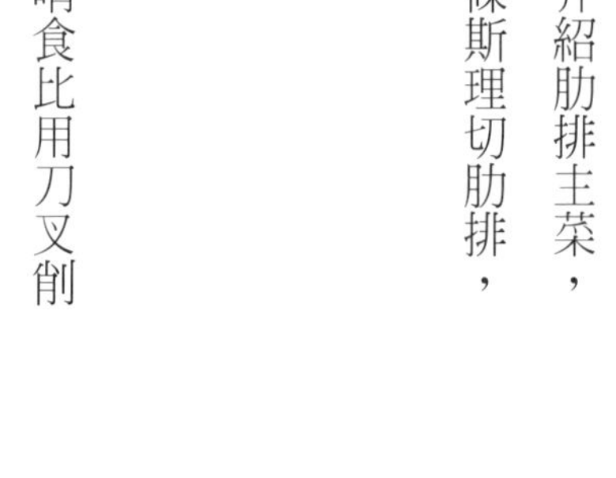

抓著啃咬肋排驚喜

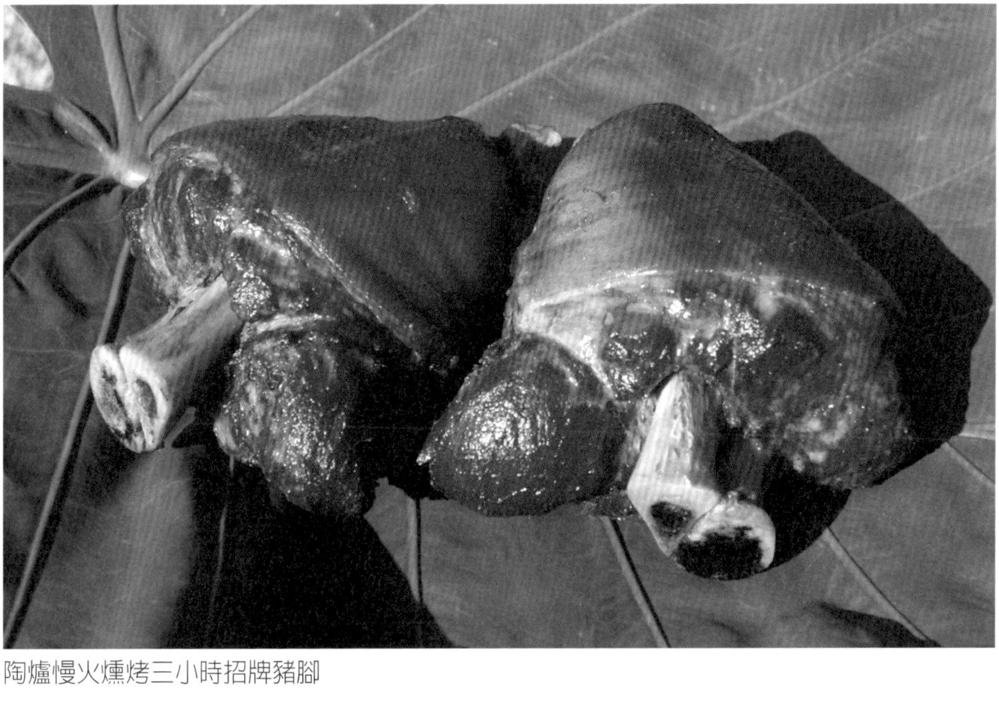

陶爐慢火燻烤三小時招牌豬腳

備料時，主人帶賓客陸續到廚房打招呼，介紹環境。陳董經營某某沙拉油公司，主人開玩笑說：「他經營食品公司，從人吃到豬吃的飼料，他都有供應！」

出菜後，才知道美國連鎖餐廳已經被他的公司收購，FD 餐廳曾經以「烤肋排」揚名，換手經營後，依然保留招牌菜「烤肋排」。

「你們家 FD 肋排有夠難吃，人家大廚的肋排鮮美軟嫩又多汁。」

幾位貴婦越講越嚴厲，陳董招架不住，現場氣氛越來越僵。猜想陳董心情一定很難過，被邀約來用餐，結果被一根肋排的滋味打敗，讓他顏面盡失。雖然他購併 FD 餐廳，經營執行可能由部門主管負責，廚師怎麼做也管不著，也許接手後，食材配方更改滋味改變，造成現場評論，卻不好受。

我必須盡快解決這場風波，讓陳董避開一根肋排滋味的災難氣氛，親自送第四次肋排到餐桌時，打岔說：

「各位好，讓我插一句話好嗎？你們品嚐的肋排，是我親自採購新鮮現宰的豬肉，用香料醃製包覆用夾鍊袋封裝，放在冷藏熟成二天入味後，今天下午拿出常溫二小時後，用烤箱低溫烤一個半小時，不斷翻面烤熟到恰到好處。這是從生肉、醃製熟成、低溫慢火一次到位烤熟手法，才有外焦香，裡面軟嫩多汁的味道。謝謝大家的讚美。關於 FD 餐廳，可能食品衛生安全考量，由於連鎖餐廳營運管理，採用中央廚房作業，肋排可能事先醃製處理煮熟，抽眞空冷凍運輸，到餐廳後冷藏解凍，又要配合「十五分鐘出菜」

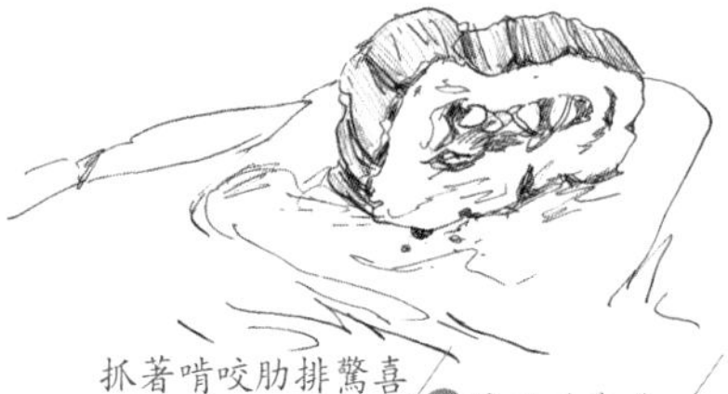

出菜政策，可能微波加熱，再烤過出菜。FD餐廳無法像我用生肉醃製熟成二天，以低溫慢慢烤九十分鐘，因此兩者滋味不一樣。請大家體諒我打岔，祝大家品嚐愉快，現烤肋排，跟主人的紅酒很搭，歡迎大家試試看，謝謝大家讚美！」

舉杯向在座客人、陳董點頭致意敬酒後，退回廚房幫忙。

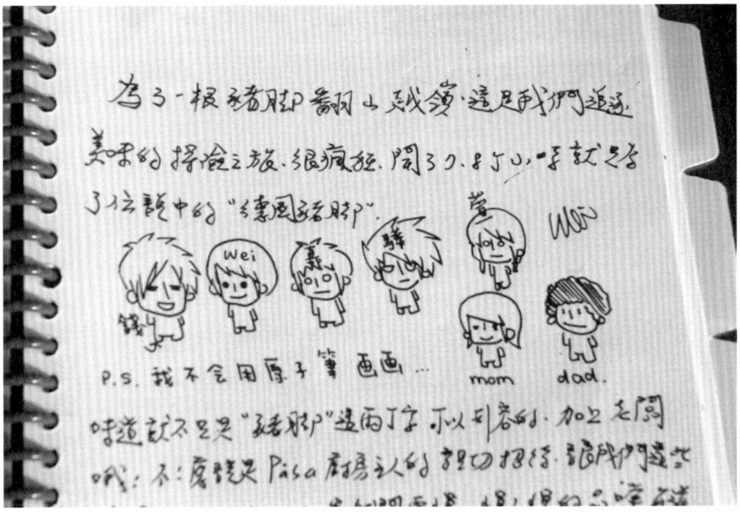

滋味讓人懷念留言

隔天想，正統美式FD餐廳，應該是維持現烤肋排，廚房有專用烤爐烤架，搭配專職烤廚，負責炙烤牛排肋排等肉類，製作特色招牌漢堡。這種烤爐需要熟練的廚師才能運用，美國餐廳在用餐時間，隨時控制火候出菜，時間過了，肋排烤焦或過頭就作廢，如麥當勞超過時間沒賣出的漢堡就作廢。

幾次餐廳烤肋排品嚐印象，遇過烤肋排烤熱，骨頭卻有些冰涼，猜想冷凍過用微波加熱解凍不足，立即進烤箱烤熱出菜。如果是生肉直接烤，廚師處理不當，可能出現食安的問題。購併後FD餐廳，猜想廚房人力配置、工作流程、廚房設備，都重新調整過，要維持生肉烤熟出菜，可能有食安風險考量，也存在廚師爐烤技術瓶頸，採中央廚房事先煮熟冷凍宅配，微波解凍二次加熱烹調手法，簡化廚房烹調作業。缺點是二次加熱，肋排肉質無法軟嫩多汁，雖然透過醬汁醃製創造獨特風味，但是肉質比較容易乾澀，有時烤過頭或二次加熱導致肉質柴硬，也是難免！

招待所外匯出任務身影

來自祖母烹飪基因

童年祖母的豬腳麵線，和年節菜餚，是殘存在腦海的模糊記憶。每次過年家裡忙成一團，廚房裡不斷有東西端出來，祭拜祖先供桌上，慢慢堆出滿滿魚肉菜餚，通常需要等到祭拜結束，入夜後，才全家坐下來用餐。年節廚房裡，母親祖母忙進忙出，餐桌堆滿鍋子食材，大人怕燙傷燒傷，禁止孩子進出，也無法從旁觀看。

小學有遠足旅行，母親會準備糖果、餅乾、水壺，有時母親會準備壽司，帶在路上當午餐。出發前喜歡趴在桌上，看母親捲壽司，攤開竹簾、擺上海帶捲紙、放進壽司醋飯，然後一層層堆疊煎好蛋皮、醃蘿蔔細條、醬小黃瓜、肉鬆等，雙手捲起竹簾握緊，鬆開再握緊，打開竹簾，黑色壽司完成。遠足是童年快樂的記憶，隨著歲月成長，壽司成爲心靈欣喜的食物，在外流浪多年後，壽司—鄉愁—旅行—出走—驚喜，連結成生命中的深刻印象。

咖哩飯，每次聞到咖哩香味，可以多吃一倍的飯量。喜歡在廚房等候，看母親備料，紅蘿蔔、馬鈴薯、白洋蔥、綠色豌豆，褐色肉，陸續放進咖哩燉煮，房間裡瀰漫咖哩香氣。我喜歡廚房那種淡淡氣息，慢慢越來越濃的氣味，熬煮散發的氣息有股家的溫馨，那是童年難忘的場景氣味。年長後出外工作，常常點一盤咖哩飯，或走進咖哩餐廳，帶著些許鄉愁的渴望，尋找童年咖哩的滋味。那天開始煮咖哩，懷念童年的廚房氣味，按照記憶中步驟熬煮，咖哩散發微微辛辣氣息，那是漂泊滄桑的滋味。流浪多年後，喜歡滄桑辛辣咖哩氣息，它讓你提起勇氣往前走，只是童年溫馨的咖哩氣味，已經越來越遙遠，不再適合奔波無盡的旅途。

祖母偶爾帶我去買菜，菜籃在我頭頂上晃來晃去，菜販挑著自己種的菜賣，或腳踏車載著吆喝喊著，勤儉客家女子挑著菜賣，熟悉的閩南語音，祖母挑幾把放入菜籃，問問女子哪裡來聊聊家常。童年常常隨著祖母，廟裡拜拜，到朋友親戚家走走，偶爾穿過北門街鄭進士第官宅三進古厝宅院，迴廊間遊走，青瓷花窗花盆，踩過來自唐山青石。每年，春秋祭祖大典時，舅公穿起眞絲綢緞長袍馬褂，祖母一旁幫忙打扮，舅嬸婆裹小腳行動不便，坐在一旁看。曾經隨著舅公參加大祭，藍紫色搭金色刺繡的

燻烤自然鮮甜原味是火候入門功夫

綢緞長袍馬褂，在人群中閃爍發亮，遠遠望著高瘦的舅公如鶴立雞群，那是童年印象中最美麗色澤的衣服，舅公文質彬彬閃現那一刻美感，成爲一生追求的動力。

祖父早逝沒見過，童年是祖母帶大，跟前跟後，長大才知道祖母是新竹鄭家閨女，念過私塾頗有才氣，是舅公最疼愛的小妹，至於她的一生故事不清楚。童年印象中，她會種植紫蘇，買青梅用鹽醃揉過，用玻璃瓶醃製紫蘇梅，小學便當裡，常常放一粒紫蘇梅。她會煮花生、晒花生，端午節包粽子，過年浸泡糯米拿去給人磨成漿，用長板凳竹竿綑綁壓擠，製作糯米團然後用蒸籠做年糕，接著蒸菜頭糕、發糕，幾乎拜拜用三牲都是祖母做。中年過後，童年鄰居好友說：

「你阿嬤，很厲害，很會煮菜，做什麼像什麼！」

也許，我會下廚的基因，來自祖母，不過，她怎麼學會呢？

我不知道她的童年，知道她唸過幾年私塾，懂漢字也會日文。有個阿嬤常來找她聊天，日文很好，聽說她唸過商校遠赴花蓮工作，很獨立的現代女性，猜想二戰前日本時代念過商校的女生，在公司上班工作，應該非常優秀。

國中忙著上課，越來越疏離，也不知道聊什麼？

高一祖母過世後，唸大學每次回家，一個人騎車到墳場，上香靜坐沉思。不知道，爲何念書時期的新竹記憶，是到祖母墳上靜坐。

那天演講，讀者問：「你怎麼會做菜呢？跟誰學呢？」

那時，沒想做料理跟祖母有關，遺忘童年的記憶，連祖母年菜相關的記憶都空白。童年只是站在一旁看著，如果油炸時，馬上被趕出廚房，學會遠遠盯著看著，難道這些記憶，是我會做菜的潛能，是來自祖母生命的基因？

但是，我不知道來自新竹鄭家的大家閨秀，怎麼會做菜？

難道，她的童年跟我一樣，遠遠看著，大人們在廚房忙進忙出？

腦海浮現祖母打蛋拌麵粉攪拌，加糖繼續攪拌，油鍋已經沸騰，用湯匙挖起一球一球滾成圓形，一粒一粒下鍋油炸，慢慢變成金黃色澤在油中滾動。外面飄著冷冷細雨，拿著熱呼呼的雞蛋麵球，邊吹邊吃，耳邊傳來祖母的聲音：「小心！很燙，慢慢吃！」這是童年冬天的記憶。

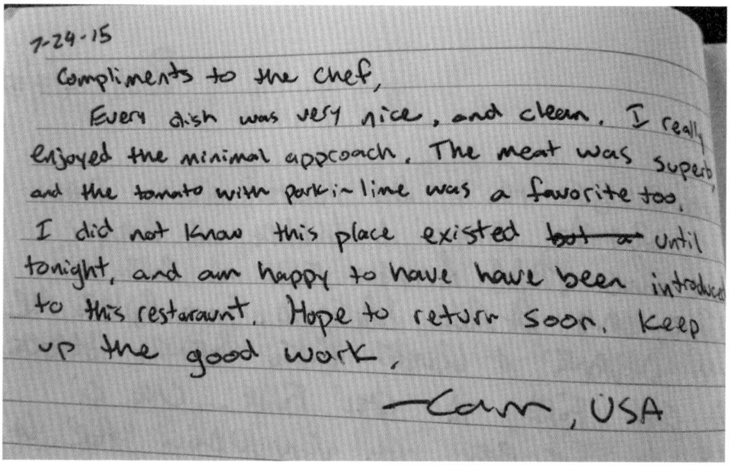

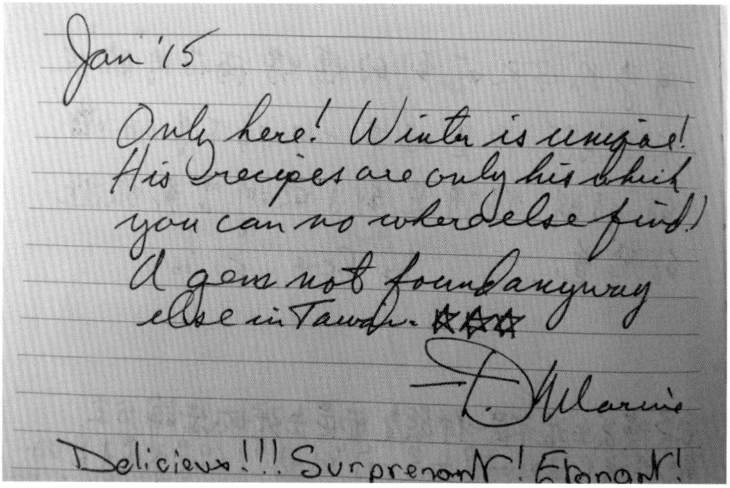

自然純樸手法讓食物滋味感動人

第五篇

我醉伴我行

尋求一戰落魄武士

那年流浪到臺南麻豆，協助朋友規劃開店，從討論餐廳風格和菜單，尋找餐廳地點，購買餐廳廚具餐桌椅等，尋找廚師和組織外場等工作團隊。剛開始以爲很簡單，等到執行才知道問題重重，我必須構思菜單、餐廳主題，規劃廚房設施、出菜流程、選擇地點營運，到吸引客群來餐廳。

以前在山中涼亭廚房，慢慢研發菜單，耗時二、三年，被朋友半推半就中拱上陣，習慣拔刀相助的劍客招式，自由揮灑下廚做菜分享，這種三腳貓伎倆，應付一桌十個八個人，還能從容應戰。面對餐廳營運是另外一回事，那是帶兵打仗，講究布陣行軍進退作戰，不是個人英雄單刀赴會的浪漫。

開店，每天客人入座，隨時點單出菜，三五八人陸續點菜出單，餐廳經營必須領軍作戰，別小看路邊攤五七張桌，幹練外場可以快速點單，邊點邊吆喝，吶喊完三五分鐘後，菜飯已經上桌，那是怎麼做到？行道在哪裡？門路那邊來？每家餐廳菜樣不同，出菜備料也不同，點菜方式也不盡然相似。

虱目魚湯飯店家，幾口爐灶火不停熄，湯杓兩下魚骨高湯到小鍋煮開，下魚肚魚頭滾熟下薑絲出菜，約二分鐘，飯碗裝飯淋上肉燥，放上二片黃蘿蔔出菜，講究的加點魚鬆。炒青菜或小菜裝好一盤盤，放在菜櫃自取，或自助餐拿餐盤自取，最後結帳。小吃店忙起來，要四五六人幫忙，一人或二人掌大灶負責現煮，補充菜架不足的菜色，其他人負責端菜端飯，或收碗盤洗碗，洗菜備料切菜等等。

從朦朧構想到實際行動，半年時間彷彿很長，執行時卻很緊湊，店主事先跑過家具行，遇到結束營業出清六折價，買到八套好桌椅省下好幾萬。餐廳地點如何抉擇比較困難，考慮廚房配備管線設施，餐廳裝潢布置費用，獨棟別墅很好，臥室客廳書房可以當作包廂和大小餐廳，家庭廚房太

小，必須改造車庫當廚房，戶外庭院布置成庭園咖啡。連棟透天公寓開過早餐店，原先廚房設計在餐廳入口處不合用，必須重新規劃入口、櫃臺、餐廳和廚房動線。

尋找二手廚具，從屏東高屏溪公路旁，高雄大寮、臺南工業區、臺中高速公路下、臺北環河南路的二手店都走訪過。某天路過臺南，遇見整套新廚具剛收購回來，堆滿倉庫，業者指著說：

「開店三個月倒了，名牌廚具出清，全新四五百萬設備，二手折舊只剩二三成價不到一百萬，不景氣時，可能只剩一成價。很多新餐廳撐不了半年、一年，餐廳開開關關很多，現在流行早午餐店，店家開很多，到底有幾家能存活呢？」

繞著倉庫走一圈，二手廚具上貼著標價，全新進口法式名牌平臺爐要十五萬二十萬，二手店只要八萬、九萬，舊點的五萬、四萬，全新臺製四口平臺爐五、六萬，二手價不到三萬、二萬。

四處遊走，大寮工業區二手廚具店家占地上千坪，堆滿滿各式各樣中西式爐具，夜市攤販車都有，望著堆積如山各式廚具爐具，猜想多少餐廳夜市攤販的行業興衰，全在眼前。從十公尺長訂製規格中式炮爐，到各式工作臺大小冰箱、帶推車烤地瓜陶製大缸、貨櫃屋檳榔攤、冷飲冰櫃、路邊攤推車、加盟店冷飲攤、各式各樣廚房不鏽鋼工作臺，倒店的桌椅碗盤火鍋碟子刀叉，都在這裡。

一整排二手冰箱冷凍櫃、中西式爐灶、小火鍋到整套鐵板牛排器具，各種中西式餐桌椅堆滿倉庫，店員快速帶路繞一圈說：

「你慢慢看，喜歡的，注意爐具冰箱不鏽鋼桌貼著標價，桌椅下面也是！」

「膠布上面寫姓名，或記號，表示有人訂走！」

「這捲膠帶、麥克筆給你，喜歡的用筆做記號貼在上面！選完再結算！」

彷彿走過戰爭過後的荒野，殘敗棄置的火炮戰車槍械盔帽，有點怵目驚心，想像多少餐廳浩浩蕩蕩張燈結彩開幕，投入戰場決戰美食天下，也許勝戰、敗戰，丟盔棄甲就是眼前場景。

我，彷彿流浪刀客，沒配刀配劍，只好撿拾戰場丟棄兵器，試試稱手能否防身戰鬥，將就使用，畢竟不是名門正派配戴名劍，落魄武士不講究行頭。感覺很像黑澤明電影「七武士」，一群窮途末路走天涯的流浪武士，在遙遠鄉村對抗山賊兵團，打一場人生最後一役。

量過廚房空間尺寸，拿著皮尺四處逛，挑選適用的工作臺，遇見五成新的四口平臺爐，全新市價約五萬，二手價一萬五，貨剛到店二天，選中立即下單付訂，挑選二手爐具必須眼明手快，可遇不可求，沒下訂轉眼可能被別人買走。二手抽油煙機＋靜電油煙處理器＋截油槽，訂購二臺平價全新法國風扇烤

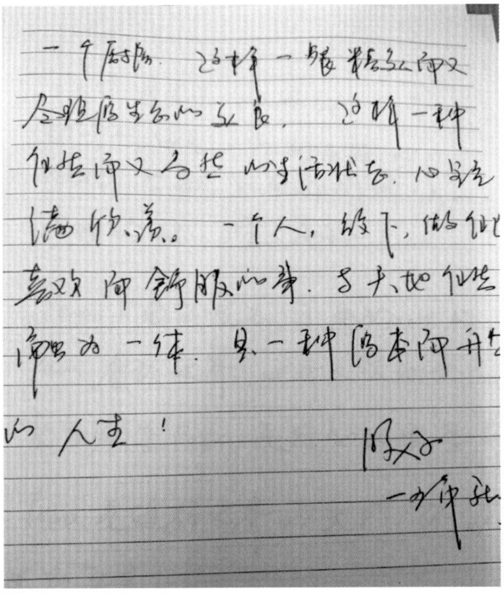

餐後旅人手寫人生感觸

箱，搭配二手工作架安置烤箱，備料工作臺也是二手改造。

走訪南北各地二手廚具店，耗費二個月時間，四處尋找二手爐具廚具，預估一百萬全新廚房設備，支付三成預算買下適用二手廚具，幫店家省下六、七十萬廚具費用。跟二手廚具公司約好施工日期，派人現場測量，畫出平面配置圖，標示廚房廚臺爐具工作臺洗水槽冰箱等位置，牆壁上配置水電管線，冷氣機等設施，預留牆壁插座預防將來調整菜單，更新設備位置可以插電。二個月時間，規劃出餐廳風格、菜單主題、烹調方式，將廚房烹調 SOP 流程，轉換成實體廚房設備配置圖。

開店後，彷佛七武士裡的三船敏郎，跟武士討論如何防守，如何應變反擊。廚房如戰場，必須固守陣地，每週五天應戰來自各地客人，指揮點單調度廚師烹調，每天進料備料，如球隊需要操練磨合。籌備期間，已經走訪七股、東石、安平漁港，尋找海鮮食材，善化屠牛場門口肉販拜訪過，新營、善化、佳里、果菜市場、兵仔市都尋找過菜販水果販肉販。開店後，依然遊走善化、新營、麻豆、佳里等市場，看看季節食材變化，接洽肉品蔬菜食材供應商，看看有何食材可發揮，做爲調整菜單參考。

透過朋友找到義大利餐廳廚師阿喜，擔任二廚負責爐臺烹煮，我負責採買、點單、出菜招呼客人，統合裡外讓內外場運作順暢。正式開店前一週進駐，每天試菜檢討調整，

廚師生涯從荒野農舍開始，如此窮困才體會食物的純樸原味

確認每一道菜單烹調工序，以及調味是否到味。開店後，每次出菜用餐後，探問客人有何建議，哪些菜滋味不適合，內部檢討調整。剛開始每次出菜前，用小匙試嚐一口，記住味道，等候客人吃完，問候好與不好，晚上跟二廚討論，如何調整更好的滋味，有時重做一次，大家品嚐看看，交換意見。麻豆鄉間開店，雖然設想西班牙風味是主題，如何融合本地食材，如何調整變化出適合在地風味的異國料理，才是餐廳生存下去的關鍵。

PASA創店的克難廚房

帶刀流浪之心如牆壁上 Scott 詩句

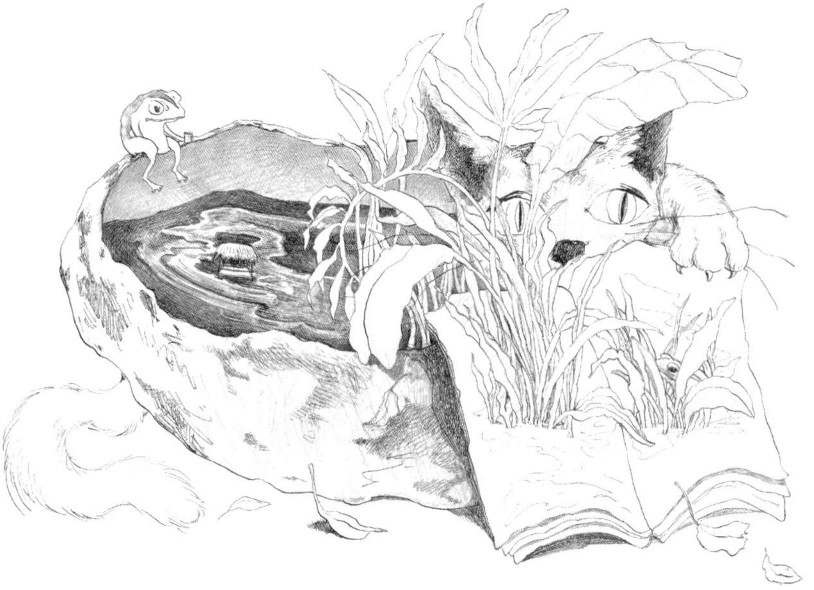

貴一點沒關係如是說！

有一天黃昏，落日赤炎炎晒著大地，五點煮杯咖啡，坐在戶外騎樓下，望著魚塭夕陽風光。一輛三十年墨綠 Jaguar J6 古董老車，轉進來過頭迴轉停在對面樹蔭下，走下一位銀髮紳士，他上前來，我起身問候，他客氣說：「可以跟你買杯咖啡嗎？」

起身回到店裡拿出兩個杯子，在屋前坐下說：

「來，一起喝，我請你，這是我個人喝的咖啡，再等二十分鐘才開店。」

紳士問：「你是外地人，怎麼來這裡開店呢？」

兩人一來一往聊天，從他聽說這家餐廳新開，風聲傳聞到北邊的新營。

用完餐後，他向我揮手，等我上前，他客氣輕聲說：

「菜不錯吃，很好，價錢貴一點沒關係，店不要倒。」

從此每週他會來一次，帶不同朋友，律師、醫生、牧師等在地名人來。

偶爾會預約特別菜單，他說：

「你有特別的餐點，多少錢沒關係？」

訂購進口高級法國小羔羊肩排，前一夜冷藏解凍，用餐前二小時用青醬冰醃，等候他入座點餐後，再低溫慢烤二十分鐘出菜。用大餐盤出菜，現場桌邊服務，切開分送給每一位客人。

後來預約蘋果起司明蝦，只要找得到都做，包括頂級 Prime 牛排。

用餐後他又揮手，我走過去，他輕聲客氣說：

「你的明蝦烤得非常好，Q彈多汁，保留蝦肉鮮甜味，微微酸甜蘋果碎片，跟蝦肉鮮甜搭起來很棒，而且蝦肉Q彈不柴硬。你做的明蝦，比我在臺北日本料理店的日本廚師，還要高明，佩服你，加油！」

似乎喜歡這裡，他常來，有時帶朋友，有時夫妻兩位。似乎來吃飯，順便找我聊天，通常會來電預約提早到。某天聊起，很欣賞他那臺三十年墨綠色 Jaguar 老車，是我高中最喜歡的車子，他竟然說：

「如果你喜歡，我就送給你！」

我有點受寵若驚，但是我沒有車庫停放保護，保養費無法負擔，那輛車一般停車格沒辦法停車，停路邊擔心被刮傷，我出門買菜不適合開名車。只好婉謝，其實我不敢接受那麼隆重大禮，彼此是萍水相逢的廚師客人關係，不過感覺，他很喜歡來這裡吃飯聊天，彷彿他來餐廳是生活樂趣。

他偶爾來電，約我去他家坐坐聊天。

四年後，我已經回臺東，有天路經臺南，繞過去拜訪。

喝茶後，他突然提起舊事，向我致歉：

「那天，很對不起，讓你烤那麼好吃的羊排，可惜朋友不懂得欣賞，恰到好處的粉紅色澤，他以爲沒熟，讓你烤過熟，對不起你的廚藝。不過，那天你烤的羊排，比臺北任何一家餐廳的烤羊排還好吃！我很欣賞你烤羊排的功力，佩服。還是，要正式向你道歉！」

記得那天收盤子，發現有些沒吃完，留下鮮紅色澤羊排沒動。感覺，很慘的一道菜，中間他揮手找我過去，把其中兩份，拿回去再烤熟些。那天親自下廚掌控五六分熟，軟嫩適中，切開時肉汁沒滴落，保留在肉裡，發出粉紅亮光色澤，這是最美好的品嚐時刻，烤好靜置十幾分鐘讓肉汁回收到肉裡。

另外一位客人常常來，帶朋友或女兒來，還特別邀約我去學甲他家裡走走喝茶聊天。

有次談起牛排、羊排、明蝦等等，他興致來，邀約我去臺南品嚐阿根廷風味烤肉，他女兒常出差經過臺南，回家探視他，就會約一起來用餐。

一位阿嬤帶可愛三歲男孩來，燉飯剛上桌，小男孩就站起來，拿湯匙搶吃，阿嬤趕緊裝盛給他，彷彿飢餓很久，一口接一口，又再要一碗，用餐後，阿嬤向我謝謝，指著男孩說：

「謝謝你們，在家裡餵他吃飯，要花一、二小時，還不想吃。來這裡，自己要三碗，不到二十分鐘，就自己吃完。你們的菜很好吃，孩子很喜歡，我會帶他常常來，我可以輕鬆吃飯，不用追著他跑。」

三位三十歲年輕婦女，一起來聊天用餐後，向我揮手說：

「我們常常出來品嚐美食，臺南好吃的名店，都走過，你們是新開店，味道很特殊，雖然不是正統西班牙海鮮飯，但是很有特色很好吃。等我先生來試試，我先生如果覺得好，你們就不得了！他的嘴巴很挑嘴，他是咖啡烘焙師！」

有一天，他終於出現，三十出頭帥氣先生，在科技公司中階主管，迷戀上咖啡烘焙，在家玩二三年上癮後，終於辭職擔任專職咖啡師，創立「名匠咖啡」。他邀約我去探訪，咖啡館座落在佳里鎮街上，一排商店街中的一間，店面不大，騎樓擺著移動式小型咖啡烘焙機，不斷旋轉飄出咖啡香氣。他拿出Menu讓我選，三、四十款各式日晒水洗的頂級莊園豆，我上過咖啡評鑑師初級班課程，略知道一些咖啡品味學問，不過，太專業的評鑑師似乎不適合我，因爲我喝重咖啡上癮，清晨一杯黑咖啡清醒後，動筆寫作是我的生活習慣。

試喝過程，他邊煮咖啡，邊說他的故事，邊講解各種豆子的香氣韻味等等。咖啡店裡堆滿一包包麻布袋豆子，散發咖啡豆氣息，混合陣陣現磨咖啡豆的香氣，不時沖泡散發的咖啡氣息。他確實厲害，能夠精準把每種豆子烘烤到完美境界，然後沖泡出最好的滋味，微酸輕烘焙韻味，中烘焙的滋味，各種咖啡甘味層次，他都能一一調理出來。後來，我們成爲萍水相逢的好友，彷彿兩位劍客相約天涯比劍，欣賞彼此的劍術招式，然後各奔前程。

那天，他用餐後，向我揮手說：

「海鮮燉飯裡，我吃出十二種味道，有幾種沒吃出來……」

然後，如數家珍說出他知道滋味是什麼。

回到廚房，我跟廚師計算，從義大利米麵、鮮蝦、蛤蜊、洋蔥、番茄、洋香菜、匈牙利紅椒粉、橄欖油、蔬菜海鮮食材香料等等，計算出十四種食材香料的滋味，他竟然知道十二種，二廚也佩服他的功力。

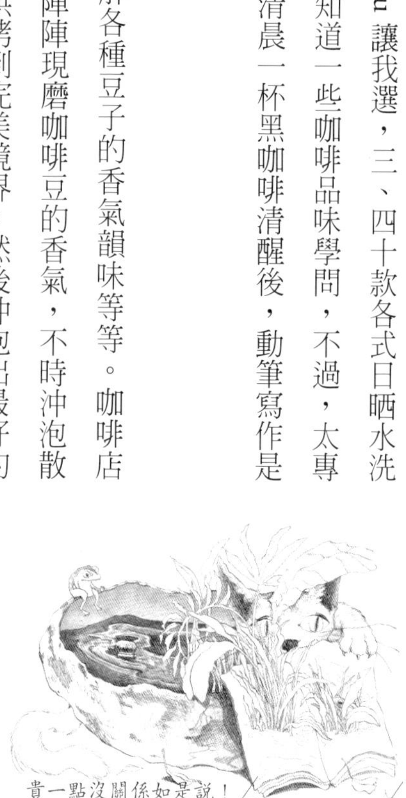

燻烤燜煮奧祕從一場場野宴磨練

料理節奏如即興演出

那天坐在餐桌看書，聽見助手炒肉醬，下鏟聲音不對，鏟子沒貼近鍋底，未將底部醬料翻炒上來。起身走過去，示範下鏟翻炒要領，讓他聽見看見我翻動鏟子，如何每一鏟到位，前後左右從八方角度，一鏟一鏟翻炒到底的節奏感，觀察炒鍋裡肉醬變化狀況，調整爐火大小控制火候，透過鏟炒翻動讓肉醬均勻受熱。

料理，跟藝術、音樂、文學一樣，隱藏節奏律動的美感，也是料理結構的藝術內涵。傑出音樂家聽到任何曲子，他能輕易把簡單曲式重複彈過，加上變奏技巧和個人創意，不斷翻轉詮釋展演更精緻動人的藝術內涵，令人擊掌讚好。

食譜和曲譜一樣，只是記錄結構，關鍵在廚師如何掌控烹調手法，讓食材詮釋醞釀滋味，如同演奏家詮釋樂譜表現意念旋律。如不同交響樂團，搭配不同音樂指揮家，詮釋貝多芬、馬赫、巴哈等音樂作品一樣，一道食譜，要看廚師造詣，及他所詮釋創造的滋味意涵，可以創造各種演奏版本變化。

那天偶然在臉書分享影片，機場過境候機室角落放著鋼琴，旅客坐下彈出常聽名曲，剛開始以簡單的單音彈奏，彷彿小孩玩鋼琴咚咚敲出琴音，幾個節奏輪迴後，逐漸變化曲式風貌，後來不斷變奏轉換，機場旅客逐漸開始聆聽，連小孩也靜下來，他用各種曲式風格詮釋，抒情、舞曲、奏鳴曲、爵士、藍調，有時輕鬆愉悅，有時激情奔放，一首簡單旋律，他可以彈出十幾種不同風格變化的趣味。候機旅客本來是無聊神情，隨著音樂起伏，慢慢轉頭傾聽，連騷動不安的孩子也安靜聆聽，音樂時而轉成俏皮風，時而行

讓生命留下印記的料理滋味

雲流水，旅客小孩逐漸露出微笑，等他告一段落時，現場傳出一片掌聲。

意外聽到旅人音樂家，短短五、六分鐘，將一首樂曲即興現場發揮，如果樂譜相對於食譜，是否能展現不同風格詮釋呢？

在這場即興演奏中，獲得不少啓示，印證過去手中幾道菜餚，因時因地因人因食材而出現變化，料理演化如樂曲變奏充滿各種即興趣味。回想昔日，剛研發青醬做出「青醬明蝦」，後來改成「蘆筍起司明蝦」，又變化出「起司蘋果明蝦料理」不同風味的變奏版，看完影片，在臉書分享留言：

「如果有人認識他，哪天路過臺灣，我請他吃飯，感謝他的啓示。」

有關料理思維，我很少在意臺灣味！異國味？正統！或，經典？重要是，不同年齡客人是否能喜歡？外地人？本地人？

烹調方法，透過煎炒煮蒸烤變化，讓食材呈現自然滋味後，考慮是否添加調味。自從領悟「節奏」後，對料理烹調的節奏感，更加注意，提高對料理節奏的敏感度。

通常，鍋鏟聲二二六六，節奏不連貫而支離破碎鍋鏟聲，大概都很難吃。不然，你去問問鄰居小孩，當他媽媽在生氣時，尤其對爸爸憤怒時，聽見媽媽在廚房炒菜的鍋剷聲

碧海藍天的沉思與書寫

音如狂風暴雨，就知道今晚的菜如何，晚餐最好是趕快吃完，閃人，千萬別說：「今天的菜，很難吃！」小孩天賦對料理滋味，都有聽聲辨位本能，童年都知道憑直覺找到好吃，或謝謝再見走人，只是長大忘記那種品味能力。

卓越的主廚，遠遠聆聽，廚房裡炒菜鍋鏟聲音，如果抑揚頓挫聲音非常流暢，可以感受這道菜做得好不好。偶爾，聆聽大廚起鏟落鏟的節奏，俐落分明，從頭到尾彷彿一首樂曲，似乎炒鍋的節奏，也是廚師出道與否的關鍵。卓越大廚在廚房裡，如何知道那個廚師有狀況呢？切菜聲音！洗菜聲音？爐火聲音？鍋剷聲音？哪一道菜該如何？何時下香料？下鍋起鍋那一剎那的聲音！香味氣息！連鍋子夠不夠熱，菜下去那剎那的聲音，都知道「到味」嗎？這就是料理的節奏！

如果食譜像這個涼亭如何記譜？

三招兩式英雄相識

未料廚師阿喜請辭，他來二個月後，想回臺中工作，不得不透過朋友找人接任。阿風，剛接受廚師訓練結業，是邱老師的徒弟，臨危授命上場擔任三廚，立即上班學習餐廳幾道招牌菜，從蔬菜湯、海鮮燉飯、烤青醬羊排、青醬牛肉燉飯等。開店常常發生狀況，廚師離職、菜單調整、食材控管、廚房動線、備料步驟、內場外場、點單出菜、一間餐廳要運作純熟需要時間磨合，兵家大忌是陣前換將，幹練二廚離職，菜鳥三廚接手，讓我陷入腹背受敵狀態，隨時回防盯緊廚師不能出錯，又面對新店開張贏得口碑，吸引客群的壓力，隨時注意餐廳外場用餐反映。

阿風上班一段時間後，邱老師出現，他在隔壁眞理大學開課教學，每週上課常路過，阿風說：「這是我師傅，邱老師！」幾次見面後，越聊越熟撚，二個月後，阿風悄悄說：「我剛來時，師傅要我，跟你好好學三年，看看能不能從你身上挖寶，學幾招傳家功夫，他說你是，無師自通型的天才廚師！」

邱老師當兵退伍後，跟老師傅學習燻烤茶鵝鹹水鵝，在市場擺攤賣鵝肉。幾年後廚藝不斷精進，曾經在南科園區開過西式餐廳，進大學念研究所拿碩士，成爲專業廚師。在彰化嘉義臺南幾個餐旅學校教授廚藝課程，接受農政單位委託舉辦在地食材創意料理活動，開辦廚藝教室，帶領學員參加廚藝檢定考試課程，常常接婚禮廟會宴席辦桌，是少壯派新一代專業廚師。

有天晚上，他下班經過，餐廳剛結束，我們在涼爽的騎樓下，喝啤酒聊天，他驚訝比利時啤酒風味，黃金啤酒、黑啤酒、水果啤酒、創意啤酒等，聊起廚師生活點滴。突然，閃過念頭，拿比利時啤酒來搭餐，一道料理一款啤酒，邱老師跟著興奮起來，長期固定教學授課辦桌的生活，有些沉悶，也許來場饗宴挑戰，可以讓創意活絡起來。三款經典比利時修道院啤酒，品嚐後，兩人決定辦一場啤酒饗宴。

阿喜廚師離開，理由是想改行換跑道，沒告訴我眞正理由？阿風接手上班二個月後，發生事情後，隱約猜測事件輪廓。邱老師是阿風的師傅，也是餐廳老闆的老師，他們夫妻個別跟邱老師學過中餐和西餐，爲創設餐廳籌備，阿風是老闆找邱老師推薦找來。籌備期間有一天，到佳里鎮上看看市場食材吃飯，突然有位早餐店婦女騎車經過，揮手招呼，先生說那是同學，太太說我怎麼沒見過呢？先生說：「那是中餐證照班上課的同學，現在早餐小吃店工作的人都需要證照，因此同學很多是早餐店阿姨。」

有天邱老師在附近上課，順路過來聊聊，客人離開餐廳結束，廚房還沒熄火，轉頭交代阿風「你去烤半隻香料雞，給師傅嚐嚐，看看手藝如何？」我們繼續聊些料理人生故事，他敘述，在南科開店如何研發料理，客人反映後如何調整菜單，廚房餐廳的團隊訓練，回流客之間的互動，從創店籌劃到開店營運的變動。彼此都有流浪廚師的天性，有過四處闖蕩開店，在廚房餐桌間穿梭的故事，有時幾句話幾個小故事，觸動彼此的心情，那是所謂的「行話」。

半小時後，阿風端出烤雞出來，香氣四溢，忙一天課程的邱老師餓了。吃了二口，他問我：

「雞肉怎麼那麼鹹呢？」

「不會罷！都是按照顧定香料方式醃製，昨天進貨冷藏醃一天，剛好入味？」

「你吃看看？」邱老師指著雞肉。

我吃了一口，鹹到吐出來，轉頭問阿風怎麼回事。

阿風說：「昨天老闆娘進廚房，要我把雞肉加醬油，她覺得太淡不夠鹹。」

邱老師立即站起來，飆怒罵：

「你，王八蛋，混蛋，廚房任何事情，都要問主廚，主廚沒允許，什麼都不能動！老闆娘要改配方，這麼重大的事情，你擅做主張，沒告訴主廚。如果這樣出菜，餐廳就毀了，主廚名譽跟著完蛋。你，王八蛋，混蛋！」

阿風嚇得退後二步，臉色蒼白慌張講不出話來。

邱老師轉身向我鞠躬，致歉說：

「對不起，學生沒教好，讓你的餐廳被他毀掉！他是菜鳥，剛入門，還不懂行規，我向你道歉。」

阿風說明，昨天我出門辦事，老闆娘進廚房，看見廠商剛送雞肉，

都蘭荒野山林出現 PASA 廚房傳說

就跟他說，她覺得香料烤雞不夠鹹，要他加醬油醃。他想，沒什麼，就照做，忘記告訴我這件事。阿風剛上班，學習廚房工作時，一再叮嚀過，廚房裡的備料SOP不能隨意更動，從香料調配到烹調方式，都要按部就班，任何調整都需要經過我同意。沒想到他來二個月，該教該學已經就定位，出菜流程已經磨合順手，沒想到出現擅自改配方。事情已經發生，必須馬上解決問題，我冷靜對他說：

「阿風，現在來得及，你馬上打電話叫貨，請廠商明天、後天各進五隻雞，明天早上重新醃製，明天晚上和後天有人訂餐要用。廠商送來已經十點過後，來不及趕上中午預約訂餐，明天清晨五點我去市場買雞，七點前你進廚房備料，把我剛買的雞緊急醃製，中午有客人訂餐要用，先冷醃三小時，出菜前二小時放常溫，用保鮮膜包覆全雞加速入味。明天上午七點廚房見，再仔細告訴你烤雞緊急入味的應變方法。等下你打電話給老闆娘，務必照實說明，今天晚上發生狀況和邱老師生氣的事情，包括你被邱老師臭罵。昨天那九隻醃製的雞，明天上午請老闆娘帶回家自己吃，那些鹹雞不能用了，廚房冰箱沒空間放，要淨空放新醃製的雞。早點睡，明天早起要忙一整天，記得馬上去打電話給廠商訂貨，明天醃製時，我會在一旁檢查，以後照這樣做，不准再亂改配方。」

聽完阿風說明，邱老師怒氣沖天再訓斥一次：「試菜改食譜，會先測試一隻，你，笨蛋，十隻雞全部被你毀了，若不是我吃到，那明天這家招牌就被你搞砸了！王八蛋。」

事後，阿風悄悄說，從沒看過老師那麼生氣過。他認錯，因爲剛入行，不知道事態嚴重，不知道拿捏調味手法輕重，老闆娘隨便說說，他就隨便做，不知道肉一旦下鹽過重，可能變成鹹肉。

燒烤雞牛羊豬肉通常在燒烤前才下鹽，或新潮原味燒烤再搭配蘸醬吃，臺式戶外炭火燒烤，是烤肉前一小時現醃現烤。利用上班空檔，跟他說明各種烤肉基本概念，這是丙級廚師考試不會出現的考題。餐廳烤雞只放香料醃製入味，醃製過程加非常微量的鹽拌入香料裡，再抹上雞肉內外側，保持肉質鮮甜度。醃製燒烤的火候知識，通常三廚只是協助備料，跟著學跟著做，等晉升二廚後，有機會才會接觸到更多燒烤知識。

一週後猜想，也許阿喜會離開，可能老闆娘

只是喝咖啡閱讀寫作的涼亭

常常進廚房指揮，擅自改食譜或是什麼，他終於受不了，終於選擇離開。當初，他期待跟我一起發展新風格餐廳，研發出色創意料理，讓廚藝不斷往前成長，經過二個月他終於看透了，覺得這個餐廳沒前途。這家餐廳問題很多，廚房人手有限，工作空間太小，現有菜單備料忙不過來，點單出菜因廚房太小設備不足，常常讓廚師發慌，亂成一團，連我支援的廚臺爐灶也沒有。剛開幕一二個月，一切還沒上軌道，先穩住剛推出的菜單和滋味，沒時間沒空間試更多新菜，冰箱也不夠放，菜單越多冰箱庫存食材越多，品質失控機率越高，食材過期損耗越大，更危險是一道料理做到純熟好吃，需要時間磨合。她想不斷增加新菜的理由是：「客人問有沒有新菜單？」阿喜走了才恍然大悟，我常常半夜收到簡訊：「明天試做茄子燉飯！」

小餐廳七張桌子二十八個位置，廚房只有三四坪大，一個四口平臺爐、中島型備料臺、四門冷凍冷藏櫃、直立式烤架上兩臺烤箱、二個洗碗水槽，二廚站火爐同時操作烤箱，幫廚備料，主廚連工作臺、爐臺都沒有，我怎麼發揮？如果當初租下隔壁當餐廳，廚房空間更寬敞流暢，能夠應付餐廳未來發展性，受限廚房空間太小，新手三廚狀況連連，現有菜單尚未純熟，哪有可能再做新菜？

邱老師建議，三招二式守住招牌菜單，重點放在特色風味，讓臺南周邊鄉鎮到臺南市區居民，當作是慶生、聚餐的據點，想到海鮮燉飯、烤雞燉飯、青醬豬排燉飯等，就會

想來。邱老師擺過菜市場賣過煙燻茶鵝、鹹水鵝，知道賣店只要一、二樣做得好吃，專心做好這二樣，不要想什麼都做，常常貪多反而讓失控問題更多。

他提起過茶鵝賣得不錯，想多賣些煙燻滷味和肉類等，結果因爲菜色增加，工作量增加，反而讓茶鵝品質失控。因爲品項增加，常常沒賣完造成食材損耗，加加減減結果，賣越多樣損失越大，獲利降低。累積多年市場擺攤經驗，他認爲小店家，賣單品一樣東西，把品質做好，每天控制適當產量，賣完就收。

他說：「那時我一天賣茶鵝二十隻，一爐燻十隻鵝，一次烤二爐燻完就收工，市場開賣二、三小時賣完收攤。增加產品多樣後，結果販賣時間延長四五小時，有時還賣不完，回去備料燻烤滷工作時間也拉長，營收表面上增加，但是工作時間拉長，反而讓自己更累，扣除沒賣出的損耗，其實沒賺多少，後來專攻茶鵝，不斷提升品質，吃過的人喜歡，知道賣完就沒了，一天沒買到，隔天提前來買，甚至提前預訂，每天開市二小時賣完。」

隔壁攤販羨慕說：

「你開攤二小時，切切剁剁就賣完，客人排隊等你，收攤只剩下幾個

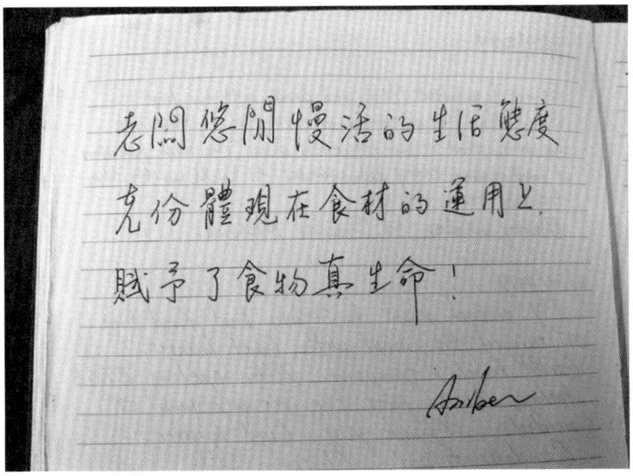
老闆悠閒慢活的生活態度
充份體現在食材的運用上
賦予了食物真生命！
Amber

旅人留下生命滋味的感言

空盆子，收收疊疊，輕鬆回家。生意這麼好賺，給你賺就好囉！」

邱老師上網看過資料，笑笑說：

「我看過你的書，你很厲害，幾道菜打遍天下無敵手。我做過茶鵝，知道一道料理做到好，讓人懷念喜歡就好。這家店只要三招二式，幾道招牌經典菜，讓人慕名而來就好，你們老闆想東想西亂搞菜單，有一天會把餐廳搞垮！」

邱老師敘述，當年開店遇到瓶頸，如何調整菜單價位，人員訓練到廚房管理，半年後在南科穩住餐廳，結果後來太貪心，擴張開第二家賣酒餐夜店，結果累死自己，蠟燭兩頭燒，兩家店都顧此失彼，最後全部收攤結束。這是人生慘痛經驗，本來自信滿滿往前衝，結果滑鐵盧之役，連本店都拖下水，只好壯士斷腕結束營業。

開店期間，如何打響菜單，建立招牌特色，是創店挑戰，餐廳老闆跟主廚討論菜單，如何調整菜單是常有現象，他們必須考慮哪些菜受歡迎，哪些有問題，如何解決，調整味道等等，從廚房到外場點單出菜流程都要注意。開店二個月，專注在餐廳廚房控管，菜單上軌道操作順手，口碑也風聞出去。阿風接手廚房是二個月後，餐廳已經營四個月，菜單已經穩住客群，暫時不作變動，主廚必須應付 VIP 客人，如老紳士的美食需求，偶爾必須親自下廚處理。像香料烤雞已經成爲餐廳招牌菜，應該維持不變，每天有人訂餐，遇到週末假日多一倍出餐量。爲達到風味更佳，讓客人知道，烤雞時間比較

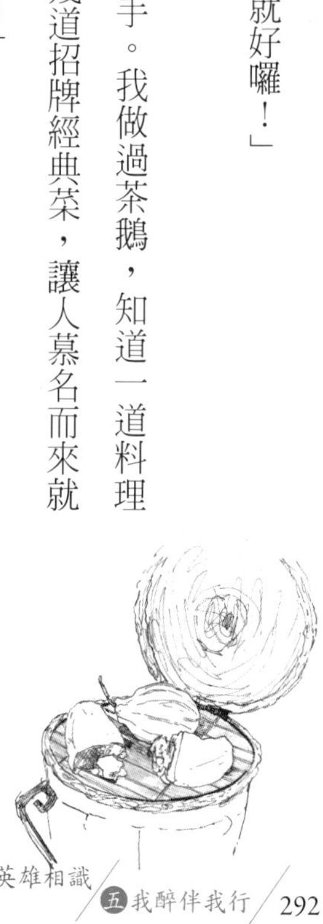

久，請他們提前預約，讓我們備料先烤，即時出菜，提高翻桌率。

最後，邱老師鄭重警告我：

「開店才四個月，發生這種事情，是餐廳亮紅燈警訊，連招牌菜都會出錯，碰到新手廚師不懂行規，搞出這麼大的事情。老闆娘把手伸進廚房，指揮廚師，阿風沒告訴你，居然你不知道，表示餐廳營運出問題。很多餐廳出問題，往往出在老闆進廚房干預，跳過主廚直接指揮廚師，類似阿風狀況，會讓廚房菜單大亂。除非老闆自己是大廚出身，自己經營餐廳，廚房主廚是二廚角色，這種問題不大。今天這種事，再發展下去，你的菜單會被亂改一通，只要幾道菜走味，做壞了，風聲傳出去，這家餐廳的聲譽就毀了。」

也許，命令阿風轉達，請老闆娘帶回去那些雞，傳達某些訊息，希望能改善彼此合作關係。距離駐店半年的承諾，剩二個月時間，能否改善似乎就隨緣。臨走前，一再叮嚀阿風：「務必守住香料配方，所有菜色標準流程做法，不能偷工減料，不能自作主張，亂添加醬料或什麼。」

如果廚師能夠穩住菜色，維持風味不變，我離開後，這家店撐二年三年沒問題，三招二式招牌菜色成爲名菜，讓這家店成爲在地名店，像臺南擔仔麵、碗粿蘭、棺材板那樣成爲外地客路過必吃的料理，那麼，一招半式闖江湖也是可行。

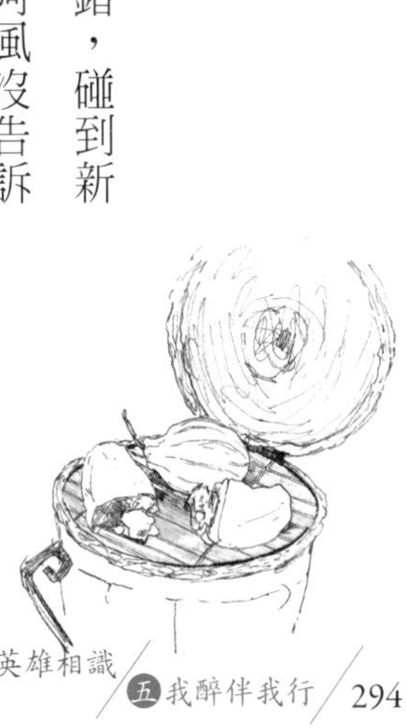

流浪麻豆留下另一個廚房傳說

比利時啤酒狂想曲

遇見邱老師後，幾次聊天後，兩人決定合作，合辦一場「8/8比利時啤酒美食饗宴」，八道創意料理搭八款比利時啤酒。那是很瘋狂的計畫，彼此各想四道菜，搭配不同風味比利時啤酒。如何從上千款比利時啤酒，選出適合搭菜的黃金啤酒，黑啤酒，水果啤酒呢？邱老師跟我花了三個月，從進口的四百多款比利時啤酒中，挑出五十款進行試喝選酒，每週二晚上九點後試酒，選出八款啤酒搭配菜單。

一週五瓶速度，五十瓶需要十週約二個半月，時間有點緊迫，只好加快速度，每次六瓶就很辛苦，比利時啤酒雖然只有300cc，但是酒精濃度從六、七度到十三度不等，黃金啤酒好喝也會醉人，黑啤酒更濃郁後勁更強，好幾次邱老師請太太載他回家。隔壁退休大廚在麻豆市街開小店「楊山食舖」，賣早餐和午餐，以滷肉飯、煎魚、虱目魚湯等，他的滷肉飯蠻有獨特風味，滷汁拌飯更是一絕。後來請隔壁楊大廚當救兵，幫忙喝啤酒。三個人分喝一瓶，六瓶加減喝也不少量，混著喝似乎更容易酒醉，楊大廚說：「有這麼好事，賣餐時我幫你備料當二廚。」。

那天出菜，蘋果、水梨去皮塊切拌檸檬汁，堆疊奇異果片，鋪上烤松阪肉片，淋上柳橙汁葡萄柚汁，肉片灑上百香果汁粒。上桌說：

「這道，搭配比利時青蘋果啤酒，請用。」

得獎麵包大師凝視松阪肉片上的百香果粒，轉頭問我：

「是你做的嗎？有趣！」

麵包大師曾經將荔枝、龍眼乾放進歐式麵包，在法國麵包大賽獲得金牌。他對各種創意非常感興趣，看見松阪肉上灑百香果汁粒，沒有其他醬汁，這種創新手法讓他眼睛一亮。

比利時啤酒經銷商說：

「平常辦品酒會，用水果乾、薯片、核桃、起司等，謝謝你們，把啤酒升等到紅酒美食層次，下次我要訂位好好品嚐，不要站著解說，看大家吃。」

啤酒專家安特尼先生 Geert Leon Petrus Anthonis ，從事專業比利時啤酒進口二十餘年，一九九〇年引進並介紹過三百多款比利時啤酒，二〇〇七年榮獲比利時啤酒協會頒發「比利時啤酒騎士勳章」(The Knighthood of the Mash Fork)，對專業度與努力推廣極度肯定。

籌備一場二十八位的品酒饗宴，八道菜需要八個盤子，八款酒要八個酒杯，餐廳沒那麼多餐盤酒杯，只好去找出租餐具店，邱老師帶路找店家租借酒杯碗盤。邱老師有辦桌經驗，常遇到四、五十桌或七、八十桌，需要租借碗盤桌椅，或爐具蒸籠等。鄉村辦桌產業，分工很細，有些廚師幫廚受聘出任務，有商家專門搭帳棚租餐桌椅，專門租借碗盤杯和快速爐蒸籠大鍋，跑堂送菜也有分工團，卡車綜藝舞臺秀也有人包場，主持人歌手一併包辦。

廟埕廣場上午空無人煙，突然搭起帳棚，中午卡車進出載入爐具蒸籠，一簍簍蔬菜雞鴨魚卸貨，有人忙著洗菜切菜備料，另一組人忙著布置餐桌椅，架設帳棚燈光。傍晚舞臺卡車開進來，電動開啓貨櫃變成舞臺，樂師測試音響，司機檢查燈光電路。黃昏前，舞臺燈光就緒，辦桌工作帳棚爐火全開，一切就緒，只等客人入座，主人東家喊聲開桌，跑堂出菜，舞臺主持人開幕致詞秀場表演唱歌，一場夜宴歡樂開始。

隔天廣場剩下空蕩蕩的帳棚，餐桌椅人群廚師跑堂歌舞卡車全部消失，一輛卡車進

千款比利時啤酒讓人讚嘆職人精神

來，司機工人下車拆卸，一小時候帳棚消失，廟埕恢復空無人煙景象。突然，想起那個「飯店」路牌，矗立在空蕩蕩田野中，也許當年餐廳是倉促搭建鐵皮屋，時過境遷如辦桌帳棚拆除消失，如同餐廳曾經開過早餐店，空蕩蕩屋牆上掛菜單價格表，廚臺餐桌椅已經消失，那些曾經繁華過的山城礦鎮，人潮往來的市街電影院餐廳，後來沒落人去樓空的景象。

也許，這間駐留在魚塭鄉野的餐廳，幾年後也會消失，留下空蕩蕩的牆壁，流傳一個傳說饗宴，彷彿廟會野臺戲留下印象難忘的戲碼。那天，舉辦「8/8比利時啤酒美食饗宴」，熱鬧萬分客人滿座，外場往來廚房餐桌上菜送酒，廚房裡擠滿廚師忙著備料出菜。二十八個座位客滿，創下北臺南二千五百元一人餐價，那天饗宴的菜單彷彿海市蜃樓，浮現在一片魚塭水田中。

八款比利時啤酒，搭配八道傳說料理，邱老師和我，合演一場傳說戲碼。經過三個月籌備，血拼五、六十款啤酒，挑出二款水果、三款黃金、三款黑啤來搭餐。出酒順序如下：

1 FLORIS APPLE 富樂園蘋果啤酒
2 DUVEL 杜瓦三麥金啤酒
3 WESTMALLE TRIPEL 偉馬力三麥金修道院啤酒

4 ADRIAEN BROUWER DARK GOLD 阿德里布勞爾藝術家啤酒
5 GULDEN DRAAK 達克黑金龍啤酒
6 SLAAPMUTSKE BRUIN 月光睡帽黑啤酒
7 KASTEEL TRIPEL 城堡三麥金啤酒
8 FLORIS MANGO 富樂園芒果啤酒

八道搭酒的菜單順序如下：

1 蘋果水梨奇異果百香果葡萄柚松阪豬頸肉
2 燻烤豬腳蘆筍茭白筍捲
3 原味烤石斑魚佐玫瑰鹽
4 創意風格青醬烤羊排
5 菠菜橄欖春雞捲
6 青醬燉牛肉串
7 白蝦蛤蜊魚片海鮮飯
8 普羅旺斯馬賽魚湯—改良版

有位客人預約時嗆說：

比利時啤酒商安特尼介紹啤酒典故風味

「上週我去品嚐，一人一萬五的松露餐，朋友說吃過你臺東的料理，要我來試試看，我帶人過去看看你的功夫！」

比利時酒商老闆安特尼親自出席，擔任啤酒講師，介紹每一款啤酒的滋味和創意觀念，講解修道院啤酒歷史文化，比利時近代新潮創新啤酒風格。有本比利時啤酒聖經，收錄近千款啤酒圖片資料，圖文並茂介紹特色，令人驚奇，不僅保留中世紀的修道院傳統風味，還能隨著時代推出「惡魔」、「月光睡帽」、「藝術」等，各種現代情感風味啤酒，連水果啤酒也讓人讚嘆，風味如此細膩。

試酒時，用細緻高腳小紅酒杯，倒入比利時啤酒，泡沫細緻綿密，頓時香氣瀰漫整個酒杯，單單貼近杯口鼻聞，立即感受蜂蜜、香草、田園、麥香等等自然氣息，耳目之間有股煥然一新的清醒感觸。修道院經典系列，不論黃金、黑啤展現數百年傳統的魅力，佩服那些修士們釀酒職人精神。新時代蘋果的滋味也讓人佩服，當你喝過芒果、櫻桃等啤酒後，再喝臺灣水果啤酒，立即想吐掉，有股噁心的化學氣味。那三個月籌備，我們不斷討論啤酒風味，構思料理創意，哪款酒搭哪道料理適合，考慮出菜出酒順序。

那天啤酒饗宴，每次倒酒只有50cc或更少，出菜第四道時，感覺客人開始High起來，來自各地不相識的彼此敬酒聊天，第五、六款後，客人離開位置到處聊天，似乎進入微

燻狀態，開始有客人跑來跟廚師握手，讚美如此開心的美食美酒。那天比利時啤酒酒精濃度，從四度到八、九度，可能不同款式風味加總一起，有點像混酒那樣，容易酒醉。

酒商安特尼特別叫總經理趕過來，讓她看看現場，介紹彼此認識。酒商來臺十九年，國語非常流暢說：

「這場比利時啤酒饗宴，是我在歐洲、亞洲都沒見過，你們菜非常出色，不輸給法國料理，比高級法國紅酒品酒會料理，還有特色，希望下次有機會能跟你們合作。非常感謝你們，把比利時啤酒提升到高檔法國品紅酒會層次。你們挑的酒很棒，餐也很棒，酒餐搭配順序非常好，你們是臺灣，亞洲，不，是全世界第一次，把比利時啤酒＋美食，完美搭配在一起，下次我要坐在臺下，好好品嚐你們的美食。」

吃松露餐客人過來握手說：

「這樣酒餐，我很佩服，沒想到你們，在這麼偏僻荒涼的地方，搞出這麼精緻的料理，還能搭配這麼美好的啤酒，確實厲害。下次，有類似餐會告訴我，再帶朋友來品嚐。今天的餐才賣二千五，確實很便宜，要是在臺北、臺中、高雄，賣五、六千元搭啤酒，也不貴。」

麵包大師上前握手，跟邱老師和我合照，邱師母也搶過來單獨跟大師合照一張，因為她是烘焙教師，景仰他很久，難得有機會一起。麵包大師說：

「你們的料理很有創意，啤酒＋料理，搭得很好，廚房太小，能夠擠出八道料理也不簡單。我不喝酒，但是淺嚐聞香，確實酒跟菜，費一番功夫搭在一起，很有創意，臺灣料理需要這樣的衝勁。佩服！」

不少賓客輪流過來，跟廚師們合照，聊天，一場饗宴還在High，趕緊指揮吧臺端出咖啡、茶給客人解酒。穿黑色套裝首府大學餐飲系學生，擔任外場展現訓練卓越的接待禮儀，被開心客人拉去合照，不相識的客人餐宴過後，也變成好友聊天互相合照留念。出菜過程，已經有人不停拍照，一開始就宣布說：

「今天可以自由拍照，餐酒都可以拍！」

有位客人等待其他客人拍照寒暄後，悄悄走過來，遞上名片：

「我在南科上班，以後是否能跟您預約，做這些餐點嗎？如有VIP客人時，請您幫我們設計菜單，一人二千、三千、五千都可以，今天您的菜和酒都很棒！我們尋找附近傑出餐廳很久，非常難得能在臺南鄉間，找到您們！你們餐眞的很棒，招待外國來賓非常合適。」

「沒問題，可以，只要提前一週預約，方便備料就可以。」

這次餐宴跟邱老師合作，激發想像力，確認彼此合作的實力。比利時啤酒餐宴是製造流行話題，也是創意料理議題。這套菜單，隱藏推出新菜的企圖，若客人喜歡，將來可以挑選八道菜中，幾道料理組合，一人一千、二千、三千的私廚菜單。開店期間，許多南科、台積電等公司員工來用餐，私下問起有沒有更好的菜單，但是廚房太小，人手不足，廚師菜單還在磨合中，擔心出菜品質失控，不敢貿然答應。

比利時啤酒饗宴算是實戰演習，讓這套菜單風聲傳出去，邱老師很興奮，他在尋找發揮創意機會，剛好這場啤酒饗宴，讓他施展抱負。長期大專教學、證照班教課、應付辦桌宴席等例行工作，有點單調煩悶，他希望接受新挑戰，這場饗宴讓彼此可以揮灑，很成功落幕。我們知道，如果在臺北辦可能會轟動美食圈，臺南麻豆魚塭鄉村，連在地報紙也不會注意。我們不在意媒體注意到，但是南科人

已經注意我們料理，他們想預約有創意的餐宴，這個訊息事後跟邱老師提起，我們又有很多話題可以聊，可以一起共勉努力。

預定十月初舉辦的啤酒饗宴，因爲試酒挑酒試菜進度太慢，一直拖延到十一月下旬，酒宴成功結束後，隔天收拾歸還租借酒杯，善後整理完畢。週休過後已經月底，駐店合約到期，我必須離開，加上鹹雞事件，很難再合作下去。啤酒饗宴，帶出新的發展契機，老闆看見商機，私下請託邱老師幫忙，邱老師說：

「主廚離開，我也幫不上忙。他如果還在，或許能合作？他走了，我也沒辦法。」

臨走前一夜，一再叮嚀廚師阿風：

「盡你能力守住菜單，不要亂改亂調整，味道不要走偏！按照目前招牌菜單，經營半年已經有口碑，他們是固定回流客，就喜歡那幾道菜的滋味，每個月來二三次，讓口碑繼續傳下去，這家店會越來越好！店，就麻煩你了！」

隔天黎明起床，晨曦剛露出天際，淡淡晨霧寒氣籠罩大地，沁涼空氣讓心靈清爽，餐廳前面車道落滿枯葉，樹上葉子越來越稀疏，登上小貨卡，緩緩經過靜悄悄無人車道，往前行去，心裡想：

「秋天了，適合流浪的季節！那，走中橫，看看合歡山秋景！」

碧海藍天都蘭灣孕育的烹飪哲學

想像PASA廚房

我思故我在？我在故我思！
法國哲學家迪卡爾，提出「我」。
質疑「人」與「存在」，
挑戰中世紀以來的神學權威！

我呢？在存在主義啓蒙下，覺醒！
我思？在尼采超越哲學中，跨越！
我迷？在卡謬卡夫卡世界，漫遊！
我炫？在梵谷高更色彩間，旋轉！
我醉？在黑格爾海德格上，辯證！
我夢？在達利米羅夏戈爾，傾斜！
我行？在沙特西蒙波娃裡，倒走！

存在，思考料理哲學意義，往前！
流浪，摸索食材滋味邊界，未來！
虛無，超越時空物體極限，創意！

江冠明 2019/3/25 廚房筆記

PASA廚房

PASA
Welcome
PASA

漫滋慢味
PASA
廚房

國家圖書館出版品預行編目（CIP）資料

帶著菜刀去流浪 / 江冠明作 .
-- 臺東縣卑南鄉 : 江冠明 , 2021.09
面 ; 17╳23 公分
ISBN 978-957-43-9166-0(平裝)

1. 烹飪 2. 食譜

427.1 110012986

帶著菜刀去流浪

Journey with My Kitchen Knife

發 行 人｜江冠明
作 者｜江冠明
贊助單位｜國家文化藝術基金會2017年文學創作類
攝影圖像｜林建豐 · 李弘略 · 江冠明
文字編輯｜張建民 · 伍慧芳
美術設計｜伍慧芳
插畫繪圖｜陳薇安
封面壁畫｜Sophie & Nicole
編輯助理｜賴宣妤
出版發行｜江冠明

FB粉絲專頁｜「帶著菜刀去流浪」 有關食譜/演講/餐酒會公告
作者信箱｜pasakitchen55@gmail.com
製版廠｜安隆彩色印刷製版有限公司
印刷廠｜晟泰印刷有限公司
裝訂廠｜聿成裝訂股份有限公司
出版日期｜2021.09
I S B N ｜978-957-43-9166-0
書籍定價｜780元
行銷代理｜友善書業供給合作社 0958137850 03-5641232
讀者信箱｜fribooker@fribooker.com.tw
通訊地址｜300新竹市光復路一段459巷19號

帶著菜刀去流浪

Journey with My Kitchen Knife

帶著菜刀去流浪

Journey with My Kitchen Knife